残疾人一个也不能少

——《“十三五”加快残疾人小康进程规划纲要》评估报告和案例选编

中国残疾人联合会研究室 编

華夏出版社
HUAXIA PUBLISHING HOUSE

图书在版编目（CIP）数据

残疾人一个也不能少：《“十三五”加快残疾人小康进程规划纲要》评估报告和案例选编／中国残疾人联合会研究室编．－－北京：华夏出版社有限公司，2022.9

ISBN 978－7－5222－0248－8

Ⅰ.①残… Ⅱ.①中… Ⅲ.①残疾人－工作－案例－中国
Ⅳ.①D669.69

中国版本图书馆 CIP 数据核字（2021）第 279729 号

残疾人一个也不能少

编　　者　中国残疾人联合会研究室
责任编辑　贾洪宝
选稿初编　陶小玲　景涵宇　田利娜
定稿审读　倪友葵　田红梅　贺　铭
封面设计　李媛格

出版发行　华夏出版社有限公司
印　　装　北京华宇信诺印刷有限公司
版　　次　2022 年 9 月北京第 1 版　2022 年 9 月北京第 1 次印刷
开　　本　710×1000　1/16
印　　张　16
插　　页　5
字　　数　300 千字
定　　价　68.00 元

华夏出版社有限公司　社址：北京市东直门外香河园北里 4 号　邮编：100028
网址：www.hxph.com.cn　电话：010－64663331（转）
投稿邮箱：986762145@qq.com　互动交流：010－64600172

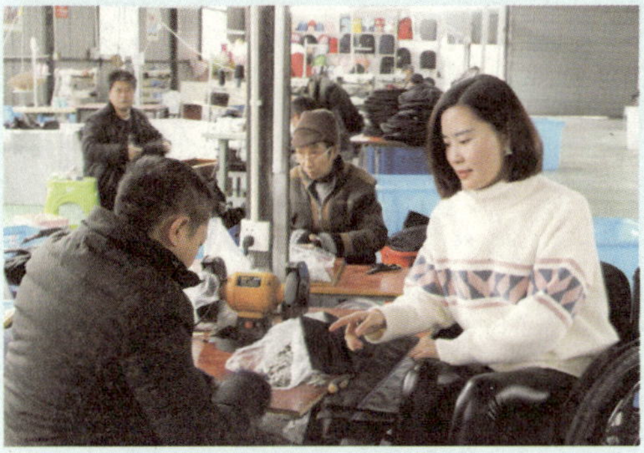

湖南省七七科技股份有限公司总经理杨淑亭帮助200余名残疾人实现就业，生产仿真花、箱包、足球等工艺品远销海外。

青海省海东市互助县锦福养殖农民专业合作社创办人朱锦福（左）带领15名残疾人入股创业，发展山养土鸡原生态产品。

新疆和硕县阿力木养殖农民专业合作社理事长阿力木·依明江（左）资助残疾人养殖脱贫。

西藏江达镇残障缝纫友谊合作社理事长拉姆（左三）带领残疾人抱团经营脱贫增收。

贵州省黎平县彦婷手工刺绣坊总经理陆永江（左前五）帮助1800多名贫困留守妇女及下岗女工学习刺绣并脱贫致富。

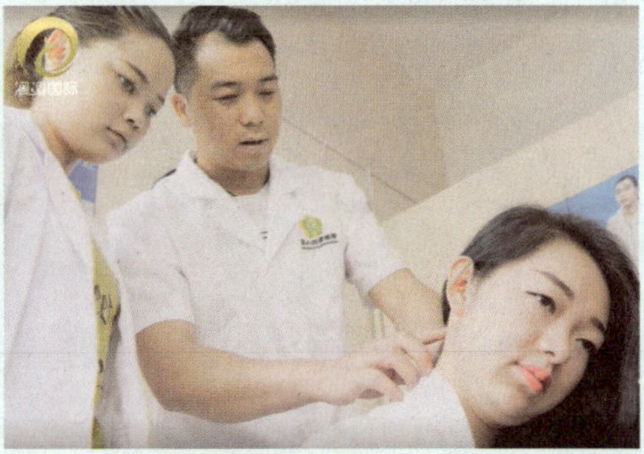

云南省腾冲市腾越镇谢侣保健按摩店创办人谢侣（中）参加保山市残联“助盲脱贫”保健按摩培训班后开店成功，作为残疾人志愿者每月都到敬老公寓服务，并招收多名盲人学徒。

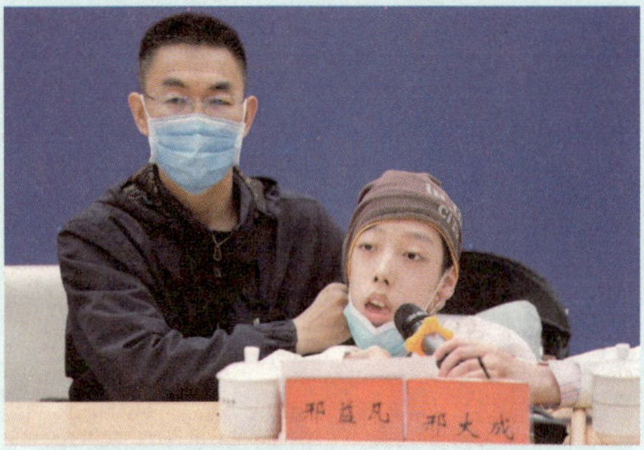

先天性肌营养不良患者、北京航空航天大学2021级新生邢益凡在2021年残疾大学新生“邀访－倾听”座谈会上发言。

浙江省诸暨市特殊教育学校老师蒋春凌从教30余载，注重帮助学生重塑人生自信和尊严，培养出多位全国特奥会和残运会冠军。

北京木马童话黑暗餐厅创立12年来，以鲜明的主题和独特的体验受到消费者的欢迎，累计安排了80多名残疾人就业。

吉林省长春市阿甘餐厅及附近的善满烘焙坊里大部分员工都是胡艳苹创立的“善满家园”走出来的残疾人。

“振兴助残，振兴有残”，湖北省襄阳市襄州区残联组织残疾人农机手通过跨区插秧作业增加收入、创造就业机会、提供服务保障。

北京市燕山残联组织盲人定向行走训练。

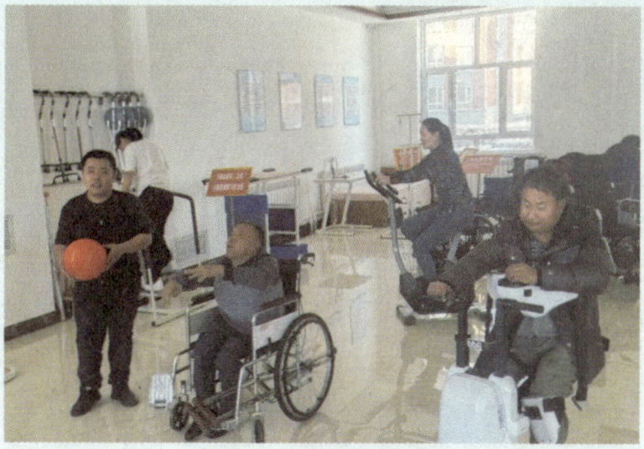

北京市东城区残联援建的内蒙古阿尔山市残疾人“温馨家园”开展康复健身活动。

陕西省宝鸡市凤翔区残联建立“村级残疾人流动托养服务站”，给予贫困重残家庭以喘息式休养。

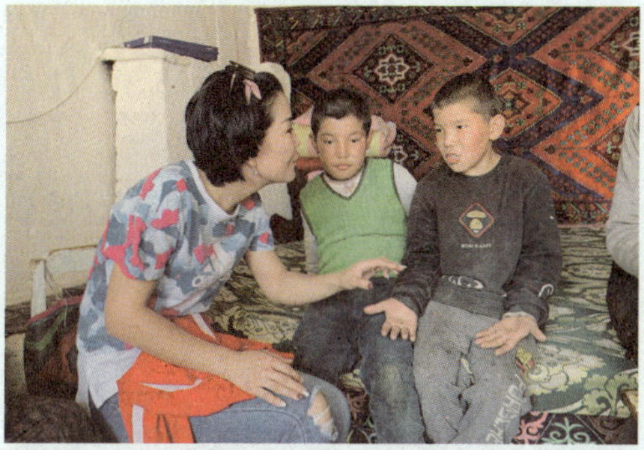

新疆阿勒泰地区实施“爱心天使”助学项目，图为残疾人专职委员家访残疾儿童“送教上门”情况。

广西桂林市临桂区茶洞镇定安村残疾夫妇梁承庭和龙素日开店铺、搞养殖、种有机蔬菜、开起农家乐，带领残疾人兄弟姐妹们一起脱贫致富。这是龙素日试种菌菇取得成功。

北京市怀柔区残联创建的助残家政服务项目正在为特困重度残疾人王仲廷家里打扫卫生。

重庆市渝中区肢体残疾人黄超越，卖过卤菜、收过破烂、送过外卖，最终创办重庆语诺花卉有限公司，逐步走上了致富路。

广西浦北县结合肉鸡、草鱼、肉鸽养殖及百香果、芋头种植等当地优势产业开展残疾人职业技能培训，图为手工编织培训。

广西天等县龙岩残疾人扶贫车间融康复、技能培训、就业增收于一体，累计培训残疾人376人次，安置50名残疾人就业。

湖南省益阳市赫山区残疾人阳光增收项目举办各类残疾人技术培训班32期，培训980人；举办职业技能培训班10期，培训残疾人330人。

江西省崇义县贫困残疾人魏开明掌握蜜蜂养殖技术后，成立了崇义欢地养蜂合作社，累计培养残疾人养蜂能手50余人。

南昌市残联从深圳引进“百乡千人”居家就业项目淘宝“云客服”，2016—2020年举办培训班38期，培训残疾人近千名。

重庆市荣昌区残联扶持肢体残疾人叶宗伦创办葡萄园，可以季节性安置 10 余名残疾人就业，帮扶周边 6 户残疾人发展经果林种植。

山东省残疾人文创示范基地鱼台县太阳贸易有限公司安置 15 名贫困残疾人就业，辐射带动周边镇村贫困残疾人家庭 50 余户。这是残疾人刘新利在自家代销点为公司做手工编织。

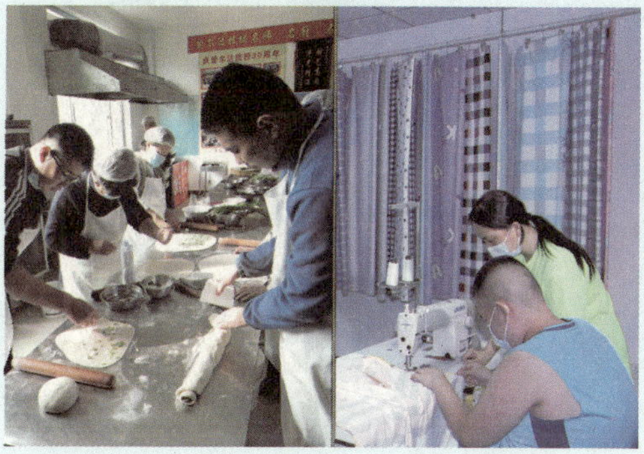

山东省潍坊市高新区残联委托爱尔达职业培训学校、康华教育培训学校举办残疾人中式面点和布艺制作培训。

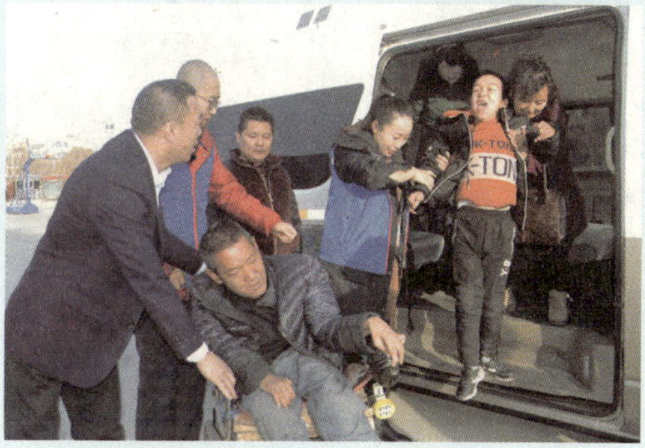

新疆建设兵团十三师红星社会工作发展中心的创立者、肢体残疾人罗祖全（左一）带残疾人共同出行。

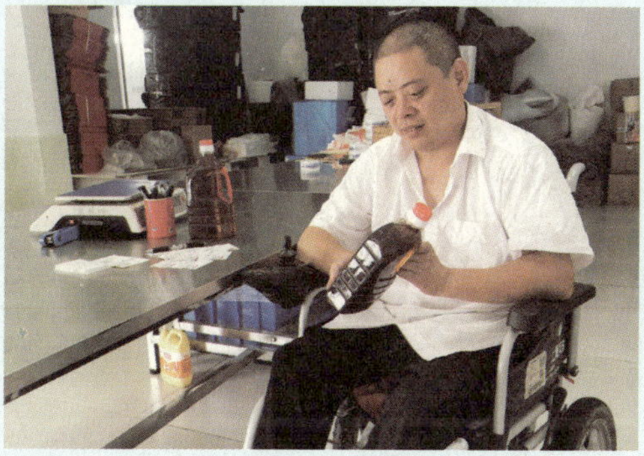

重庆市武隆区和顺镇海螺村肢体残疾人张永红在党和政府帮扶下，创办传宏土特产品有限公司，带动乡亲们一起脱贫致富。

山东省聊城市东昌府区张炉集镇李双阵村残疾人李顺一得力于帮扶政策，养殖了 20 只黑头羊，每年能挣 1 万多元。

湖南省涟源市肢体残疾人陈斌创办阳光家园残疾人就业扶贫车间，吸纳 27 名贫困残疾人辅助性就业。

吉林省大安市肢体残疾人司马宪光祖传雕刻、绘画技艺，残联帮其创办残疾人文化创艺大院，免费培训 100 余名残疾人实现家庭增收。

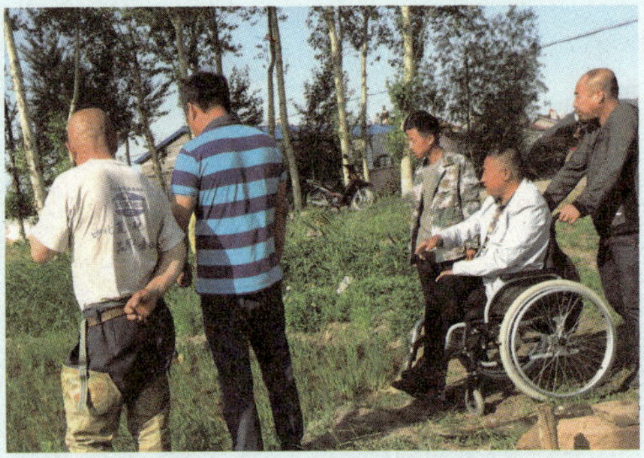

吉林省德惠市朝阳乡团林子村“轮椅书记”张运波指导水稻种植。

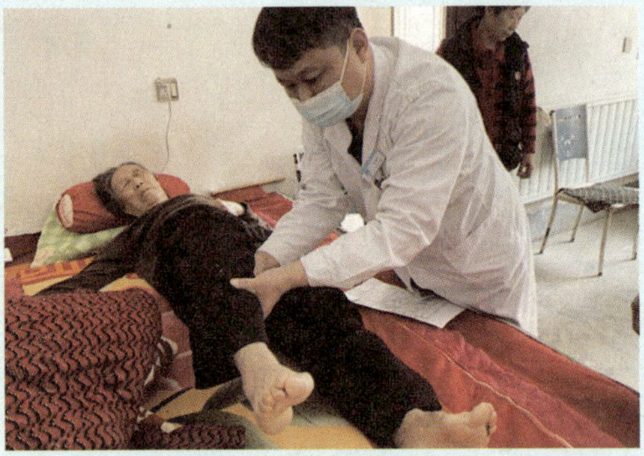

山东省德州市陵城区残联组织入户评残。

浙江省昆铜乡独山头村肢残农民梁瑞荣（左二），从做篾匠到创办竹编厂，2001 年办起合资企业，现为浙江安吉峰晖竹艺服饰公司董事长，带领周边近 2000 位农民就业增收。

山东省东营市精神残疾人托养中心有专业技术人员 30 名，开设 4 个病区，服务 200 名各类精神残疾人。

残疾人是一个特殊困难的群体，需要格外关心、格外关注。让广大残疾人安居乐业、衣食无忧，过上幸福美好的生活，是我们党全心全意为人民服务宗旨的重要体现，是我国社会主义制度的必然要求。

——习近平2014年3月20日致中国残疾人福利基金会的贺信

中国梦，是民族梦、国家梦，是每一个中国人的梦，也是每一个残疾人朋友的梦。我们都要凝心聚力，在实现人生梦想的同时，共同推动中华民族的美好梦想早日实现。

——习近平2014年5月16日在会见第五届全国自强模范暨助残先进表彰大会代表时的讲话

健全人可以活出精彩的人生，残疾人也可以活出精彩的人生。我们每个人都要珍惜生命、追求健康，努力创造无愧于时代的精彩人生

——习近平2016年7月28日在河北唐山考察时的讲话

目　录

《“十三五”加快残疾人小康进程规划纲要》实施情况评估报告*

党中央、国务院格外关心残疾人，高度重视残疾人事业。党的十九大报告明确提出“发展残疾人事业，加强残疾康复服务”。习近平总书记对残疾人事业做出一系列重要指示批示，明确要求“全面建成小康社会，残疾人一个也不能少”。国务院2016年8月印发《“十三五”加快残疾人小康进程规划纲要》（以下称《纲要》）。在党中央、国务院的高度重视下，经过各地区、各部门的共同努力，《纲要》确定的主要任务和措施得到落实，农村建档立卡贫困残疾人全部脱贫，城乡残疾人民生保障和服务状况明显改善，获得感、幸福感、安全感显著增强，残疾人和全国人民一道共同迈入全面小康社会的目标如期实现。

一、《纲要》实施进展和取得的成效

（一）农村建档立卡贫困残疾人全部脱贫，困难残疾人基本民生得到稳定保障

习近平总书记多次强调要“把贫困老年人、残疾人等作为群体攻坚重点”，“加快织密筑牢民生保障安全网，把没有劳动能力的老弱病残等特殊贫困人口的基本生活兜起来”。“十三五”时期，710万农村建档立卡贫困

* 来源：《国务院残工委关于印发〈“十三五”加快残疾人小康进程规划纲要〉实施情况评估报告的通知》（残工委发〔2021〕5号）。

残疾人全部脱贫，残疾人社会保障体系初步建立，残疾人社会福利制度实现突破，困难残疾人基本民生得到稳定保障。

1. 农村建档立卡贫困残疾人如期脱贫

落实《中共中央、国务院关于打赢脱贫攻坚战的决定》《中共中央、国务院关于打赢脱贫攻坚战三年行动的指导意见》和中国残联、农业农村部、国务院扶贫办、中国人民银行等26个部门单位制定的《贫困残疾人脱贫攻坚行动计划（2016—2020年）》，将农村贫困残疾人作为群体攻坚的重点，加强精准识别和精准帮扶。按照国家现行脱贫标准，累计710万建档立卡农村贫困残疾人脱贫，贫困残疾人家庭收入增长了2.7倍（由2015年的2824.9元增长到2020年的10384.8元）。616.4万残疾人得到产业扶持，684.5万残疾人获得扶贫资产收益，88万残疾人获得扶贫小额信贷支持，58.1万残疾人享受扶贫公益岗位，69.2万残疾人享受易地搬迁政策。各地创造了重度残疾人托养照护、家庭无障碍改造、康复扶贫、产业助残扶贫、电子商务助残扶贫、基层党组织助残扶贫等一系列帮扶贫困残疾人的成功经验和做法。

习近平总书记在全国脱贫攻坚总结表彰大会上讲到，“身残志坚的云南省昆明市东川区乌龙镇坪子村芭蕉箐小组村民张顺东说：‘我们虽然残疾了，但是我们精神上不残，我们还有脑还有手，去想去做。’贫困群众的精神世界在脱贫攻坚中得到充实和升华，信心更坚、脑子更活、心气更足，发生了从内而外的深刻改变!”脱贫攻坚焕发了残疾人的自强精神和创造能力，很多残疾人克服常人难以想象的困难参与脱贫攻坚，他们不但改变了自己和家庭的生活，还带动周围的乡亲和残疾人兄弟姐妹一道脱贫增收，他们自强不息、艰苦奋斗的事迹感动激励了全社会，成为伟大的脱贫攻坚精神的生动典型。李娟等20名残疾人获得国务院扶贫开发领导小组授予的全国脱贫攻坚“奋进奖”“奉献奖”“贡献奖”，为残疾人脱贫攻坚做出突出贡献的杨淑亭等34名个人和驻马店市残联等5个集体受到党中央、国务院表彰。

2. **残疾人社会救助得到强化**

107.5万残疾人得到特困救助供养。实施特困人员供养服务设施改造提升工程，增加医疗护理和康复服务设备，强化了特困残疾人兜底保障能力。1076.8万残疾人纳入城乡最低生活保障。浙江、广东、广西等地将低保边缘家庭中三四级成年精神、智力残疾人按照“单人户”纳入低保，湖北、贵州、甘肃等地对低保对象中的残疾人提高补助标准。以贵州省为例，2015年，贵州省低保平均标准农村为2620元/人·年，城市为453元/人·月，到2020年，农村为4620元/人·年，城市为645元/人·月，残疾人在此基础上再提高20%—30%，提高幅度超过60%。加强医疗救助托底保障，资助符合条件的困难残疾人参加城乡居民基本医疗保险，对其难以承担的政策范围内自负费用给予补助。加强流浪乞讨残疾人救助、救治、寻亲和安置服务。陕西、湖南等地认真落实临时救助政策，为因重大疾病、意外伤害等原因基本生活陷入困境的残疾人提供救助。福建、重庆等地开展一户多残家庭帮扶救助。

3. **残疾人社会保险参保率和保障水平稳步提高**

落实困难残疾人社会保险个人缴费资助政策，“十三五”末，残疾人城乡居民基本养老保险参保率超过90%，城乡居民基本医疗保险参保率达到95%。一级至六级残疾军人全部纳入职工基本医疗保险范围。低保家庭、特困人员、建档立卡贫困人口中的残疾人全部纳入基本医疗保险和大病保险等补充医疗保险覆盖范围。2699.2万残疾人参加城乡居民基本养老保险，1140.5万人领取养老金，657.9万重度残疾人和303.7万非重度残疾人得到政府参保资助。辽宁、云南等地为55—59岁参加城乡居民基本养老保险的重度残疾人发放生活补助，与基础养老金同步调整。29项康复医疗项目纳入基本医疗保险报销范围，加强重性精神病人药物维持治疗门诊保障工作，可参照住院管理和支付。“十三五”时期，工伤保险参保人数增加近5000万人，达到2.6亿人，因工伤致残的残疾职工在工伤预防、工伤补偿和工伤康复（含辅助器具配置）等方面获得稳定的制度保障，并通过建立待遇调整和确定机制稳步提升待遇水平，伤残职工月人均伤残津贴达3449元，月人均护理费达2265元。内蒙古、吉林、海南等地支持残疾人购买意外伤害、补充医疗等商业保险。

4. 残疾人社会福利实现突破

2016年开始全面实施的困难残疾人生活补贴和重度残疾人护理补贴（以下称“两项补贴”）实现制度全覆盖，并建立起补贴标准动态调整机制。“十三五”时期，累计投入1300多亿元，惠及1212.6万困难残疾人和1473.8万重度残疾人，成为实现残疾人脱贫攻坚和全面小康目标的重大制度保障。江苏、广东等地将三四级精神、智力残疾人纳入两项补贴范围。加快发展残疾人托养照护服务，各级各类托养服务机构达到8370个，486.5万人次残疾人得到各种形式的托养服务。北京建立困境重度残疾人补贴制度，并对独生子女重度残疾人与重度残疾、高龄父母共同入住养老机构给予倾斜保障。河南省驻马店市依托村卫生室、乡镇卫生院等开展残疾人集中照护；河南省南阳市建立健全市县乡村四级社会福利机构，开展重度残疾人等特殊困难人群社会化照护；河北省衡水市探索以农村特困供养机构为主体、专业医疗机构为辅助、民办养老机构为补充的重度残疾人照护模式。宁夏回族自治区固原市隆德县、吉林省长春市九台区等残疾人托养机构将托养与脱贫相结合，创造了“隆隆薯”“善满家园”等残疾人脱贫攻坚品牌。

北京、辽宁、上海、江苏、浙江、福建、江西、广东、青海、宁夏、重庆等11个省（区、市）及部分市、县建立残疾人辅助器具补贴制度，北京建立残疾人家庭无障碍改造补贴制度。“十三五”时期，发放残疾人机动轮椅车燃油补贴约296.8万人次；完善残疾人驾驶汽车政策，进一步保障了单眼视障、单手缺失残疾人驾驶汽车权利。重庆等地为残疾人发放C5驾照补贴，北京等地实行残疾人专用车辆免费停车。制定落实残疾人公共交通优惠便利政策措施。国铁集团、退役军人事务部、中央军委后勤保障部、中国残联共同改进完善残疾人旅客专用票额发售工作，残疾人可

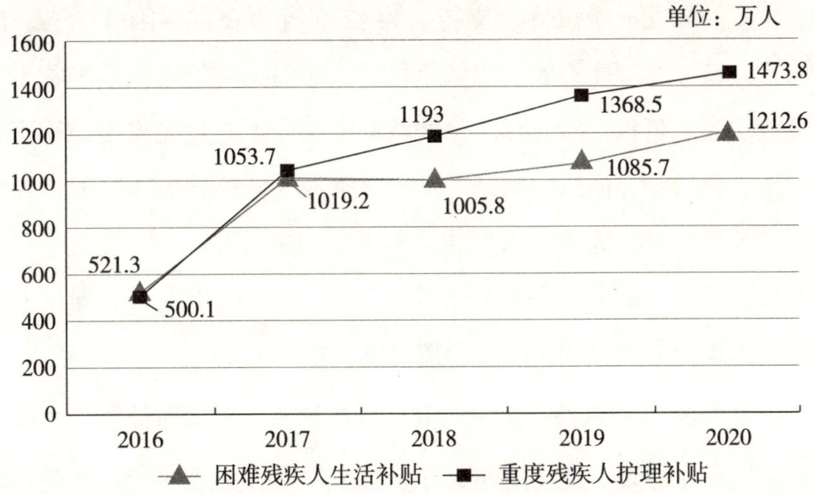

图1-1 “十三五”时期困难残疾人生活补贴和重度残疾人护理补贴发放情况

以在12306网站（含APP）购买为重度残疾人预留的卧铺下铺或专用席位。交通运输部健全特殊旅客权益保障制度，明确班车客运经营者和汽车客运站对伤残军人、伤残人民警察、残疾消防救援人员等执行客票半价优待政策。工业和信息化部、中国残联制定残疾人信息消费支持政策，对残疾人使用固定电话、移动电话、宽带网络服务等费用予以优惠。福建、海南、贵州、陕西等地给予残疾人用户不低于50%的优惠；北京、山西、浙江、湖南、重庆等地推出残疾人专属优惠卡、优惠套餐。天津、河南等地为残疾人发放信息消费补贴。

农业农村部在农村集体产权制度改革试点中支持地方在成员身份确认、资产折股量化等方面对贫困残疾人家庭给予适当照顾。税务总局全面落实残疾人税收优惠政策，在增值税、企业所得税和城镇土地使用税方面对安置残疾人就业的企业予以优惠；残疾人个人提供的加工、修理修配劳务等免增值税，残疾人所得可以减征个人所得税。海关总署落实残疾人及其用品通关便利措施和进口税收优惠，“十三五”时期，全国海关在残疾人专用品免征进口税收政策项下免征税款4.3亿元。

5. 残疾人基本住房得到保障

住房和城乡建设部等优先将符合条件的贫困残疾人家庭纳入危房改造

范围，在补助标准上予以倾斜支持，为42.9万户农村贫困残疾人家庭实施了危房改造。通过建设农村集体公租房、幸福大院等方式减轻贫困残疾人家庭危房改造负担。对符合条件的城镇残疾人家庭优先安排公租房，在选择户型、楼层等方面给予照顾。对符合条件的城镇残疾人家庭市场租房给予租赁补贴，更好地满足残疾人多样化的住房需求。“十三五”时期，全国农村残疾人家庭危房全面“清零”，47万城镇残疾人家庭通过实物配租和发放租赁补贴等方式享受公租房保障。

6. 加强新冠肺炎疫情等突发公共事件中残疾人健康防护和民生保障

中央应对新冠肺炎疫情工作领导小组印发《关于进一步做好疫情防控期间困难群众兜底保障工作的通知》等文件，明确了对受疫情影响的残疾人等困难群体的生活保障和照料服务措施。国家卫生健康委把残疾人和残疾人福利机构作为疫情防控的重点人群和重点场所，加强对残疾人的心理疏导服务，为确诊残疾人提供精心治疗和无障碍服务。民政部按时足额为残疾人发放最低生活保障金、两项补贴，为受疫情影响的贫困残疾人、重度残疾人提供临时救助和生活保障服务。教育部统筹安排特殊教育学校的疫情防控、线上教学和有序复课。人力资源社会保障部、中国人民银行支持残疾人企业和个体工商户复工复产。中国残联加强无障碍防疫知识宣传教育，制定残疾人社会支持和个人防护指南；加强残疾人服务机构疫情防控，全国残疾人服务机构实现“零感染”；做好因疫情被隔离或亲属被隔离残疾人的走访探视和生活保障，开展线上康复、职业培训、安全教育等服务。湖北、江苏、江西、广东、西藏、青海等地努力解决受疫情影响盲人按摩机构、残疾人集中就业企业困难和残疾人农产品滞销问题。应急管理部、民政部等在洪涝等自然灾害救援中重点保障残疾人生命安全、身体健康、基本生活和灾后重建，在社区减灾工作中重点保护残疾人等脆弱人群；加强对残疾人服务机构消防安全管理和宣传教育，组织残疾人开展应急演练、技能培训等，提高残疾人、残疾人服务机构防灾减灾意识和自救互救能力。

（二）就业扶持政策更加完备，城乡残疾人就业稳中向好

党中央、国务院高度重视残疾人就业。党的十九届四中、五中全会对健全特殊群体就业支持体系、加强残疾人就业帮扶等提出要求，每年政府工作报告都对帮扶残疾人就业做出安排，李克强总理对残疾人就业和职业培训做出批示。这些都有力地增强了残疾人就业创业和企业安置残疾人就业的积极性。“十三五”时期，城乡新增就业残疾人 180.8 万人，超额完成预期指标。城乡持证残疾人就业规模每年均超过 800 万人，2020 年已达 862 万人。

1. 就业扶持政策更加完备

经国务院常务会议审议通过，国家发展改革委会同相关部门联合印发《关于完善残疾人就业保障金制度、更好促进残疾人就业的总体方案》，国家发展改革委、财政部、人力资源社会保障部、民政部和中国残联等制定扶持残疾人辅助性就业、自主就业创业和促进残疾人就业政府采购等政策措施。财政部、税务总局等完善残疾人就业税收优惠政策，为残疾人就业创业提供扶持和保护。

2. 残疾人职业培训和就业服务得到加强

人力资源社会保障部、中国残联实施《残疾人职业技能提升计划（2016—2020 年）》，人力资源社会保障部将残疾人纳入终身职业技能培训制度，农业农村部将农村残疾人纳入高素质农民培育计划。“十三五”时期，新增培训残疾人 251.3 万人，为 301.6 万人次农村残疾人提供了实用技术培训，残疾人职业素养和就业创业能力不断提升。举办了第六届全国残疾人职业技能大赛暨第三届全国残疾人展能节。参加了第九届国际残疾人职业技能大赛，取得了 8 金 6 银 6 铜的优异成绩。

人力资源社会保障部、中国残联每年开展残疾人就业援助月活动，有力带动稳岗就业和社会帮扶。教育部开展了视力残疾、听力残疾（含听力合并言语残疾）及言语残疾人认定特殊教育学科教师资格的试点，并逐步

扩大。退役军人事务部按规定加强退役残疾军人免费教育培训和就业创业服务。全国总工会、共青团中央和全国妇联积极促进残疾职工、残疾青年和残疾妇女就业创业。市场监管总局为残疾人自主创业和安置残疾人就业企业提供宽松便捷的环境和优质高效的服务。中国人民银行指导中国农业银行等金融机构加强残疾人和安置残疾人就业企业的金融服务，支持残疾人教育、脱贫和就业创业。中国残联加强各级残疾人就业服务机构建设，推动残疾人就业服务信息化。通过政府购买服务方式加强和改进对残疾人的就业服务。“十三五”时期，全国各级各类残疾人就业服务机构达到2782个，专职工作人员1.2万名，挂牌建立国家级残疾人职业培训基地478个。

3. 多渠道、多层次扶持残疾人就业创业

推动党政机关带头安置残疾人就业。“十三五”时期，中央国家机关和北京、上海、浙江、山东等地录用残疾人公务员年均百余名。工业和信息化部鼓励互联网企业履行社会责任，帮助残疾人就业创业。阿里巴巴、京东、新浪等均已推出面向残疾人的专属岗位和职业培训，约20万残疾人在淘宝天猫注册网店，阿里巴巴提供云客服、字幕翻译、编程、美编等在线工作岗位安排残疾人就业。盲人按摩行业规范有序发展，盲人医疗按摩人员达到12021人，保健按摩人员达到11万余人，形成了无锡“好轻松”、南昌“洪派盲人按摩”、大同“平城推拿”等服务品牌。上海、北京等地创新推出“熊爪”咖啡、黑暗餐厅等残疾人新就业形态。培育了河北省行唐县残疾人双创园、湖南七七科技股份有限公司等一批残疾人创业企业。

积极发展辅助性就业，帮助难以进入竞争性劳动力市场的重度肢体、智力和精神残疾人参加生产劳动。全国建有残疾人辅助性就业机构2000余个，安置各类残疾人14.3万人。开发适合残疾人就业的公益性岗位，14.7万残疾人实现公益性就业。北京、天津、江苏、江西、河南、湖南、陕西、甘肃等地在创新按比例安排残疾人就业形式、落实残疾人就业补贴奖励制度、扶持残疾人就业创业孵化基地、开展残疾人集中就业单位产品展销、加强和改进残疾人就业服务等方面创造了一系列成功经验和做法。

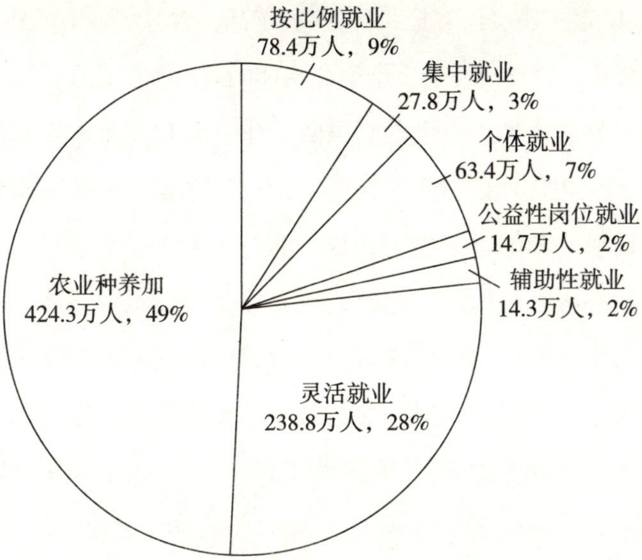

图1–2　2020年城乡持证残疾人就业情况

（三）残疾人基本公共服务水平提升，社会环境更加友好便利

残疾人基本公共服务作为重点领域纳入国务院印发的《“十三五”推进基本公共服务均等化规划》和国家发展改革委等部门印发的《加大力度推动社会领域公共服务补短板强弱项提质量 促进形成强大国内市场的行动方案》，中共中央办公厅、国务院办公厅印发的《关于建立健全基本公共服务标准体系的指导意见》对包括残疾人相关基本公共服务在内的服务标准体系建设提出要求。“十三五”时期，残疾人康复、教育、文化体育、无障碍等服务全面开展，覆盖面不断扩大，质量效益不断提高，为加快残疾人小康进程提供了有力支撑。

1. 大力开展残疾预防

国务院办公厅印发《国家残疾预防行动计划（2016—2020 年）》，对加强残疾预防，有效减少、控制残疾的发生发展做出部署。中国残联牵头成立由 17 个相关部门单位组成的残疾预防工作协调小组，设立全国残疾预防和残疾人康复专家咨询委员会，建立 100 个残疾预防综合试验区。国务院批准每年8月25日为“残疾预防日”，中央宣传部、教育部、中国残联等部门共同开展宣传活动，树立全社会、全生命周期的残疾预防意识。

国家卫生健康委加强出生缺陷预防工作。编制发布出生缺陷防治核心信息20条，全国婚检率达68.5%，孕前优生健康检查率达80%以上，唐氏综合征产前血清学筛查率达81.1%，累计为1.2亿名农村生育妇女补服叶酸。将儿童心理行为发育问题预警征象筛查及健康管理纳入基本公共卫生服务，为新生儿开展遗传代谢病、听力和先天性心脏病筛查，持续推进0—6岁儿童视力、听力、肢体、智力以及自闭症等五类残疾筛查、诊断和干预等工作，实施出生缺陷干预救助项目，有效预防和减少先天残疾发生。广泛开展“三减三健”（减盐、减油、减糖，健康口腔、健康体重、健康骨骼）专项行动，开展脑卒中和心血管病高危人群筛查干预项目，开展碘缺乏、大骨节病、克山病、饮水型氟中毒、砷中毒等疾病防治，预防慢性病、传染病、职业病、地方病致残。持续开展防盲防聋。开展全国爱眼日、爱耳日等科普活动，建立完善防聋治聋国家级工作网络，加强儿童青少年近视矫治、防控和视力健康管理。国家民委、市场监管总局等推广健康饮茶，防止各族群众饮用高氟茶造成氟骨病致残。国家卫生健康委提升各地突发事件紧急医学救援能力，应急管理部、工业和信息化部、交通运输部、公安部、人力资源社会保障部等有效排查全国钢铁行业企业重大生产安全事故隐患，持续改善工贸行业涉粉尘生产企业工人劳动条件，开展道路交通领域隐患专项整治，加强工伤预防，发生重特大事故的风险得到有效控制，因事故造成残疾的风险不断降低。

2. 残疾人康复服务状况持续改善

国务院制定实施《残疾预防和残疾人康复条例》《关于建立残疾儿童康复救助制度的意见》，为残疾预防和康复工作提供法治保障。国家医疗保障局落实残疾人医疗康复保障政策。北京、吉林、上海、浙江、安徽、福建、四川、青海等地扩大残疾儿童康复救助年龄范围或提高补助标准。中国残联、国家卫生健康委、国务院扶贫办共同开展残疾人精准康复服务行动，推动残疾人家庭医生签约服务，努力实现残疾人享有基本康复和基本公共卫生服务。1014 个市辖区和 1712 个县（市）开展社区康复，国家卫生健康委、民政部、中国残联等制定《残疾人社区康复工作标准》《精神障碍社区康复服务工作规范》等，提高社区康复服务质量。“十三五”时期，4330 万人次残疾人得到基本康复服务，96.7 万人次残疾儿童得到康复救助，1252.8 万人次残疾人得到辅助器具适配服务。残疾人基本康复服务覆盖率和辅助器具适配率均超过 80%。

国家卫生健康委、国务院扶贫办实施“光明扶贫工程”，为建档立卡贫困白内障患者实施免费救治。民政部实施“福康工程”，为 6 万多人次城乡贫困残疾人配发康复辅助器具、进行手术矫治和康复；实施“残疾孤儿手术康复明天计划”，为 22.3 万残疾孤儿开展手术治疗和康复训练。人力资源社会保障部落实残疾职工工伤康复和辅助器具配置保障工作，“十三五”末，全国次均康复费用达 1.3 万元、次均辅具配置费用达 6735 元。

国家卫生健康委印发《严重精神障碍管理治疗工作规范》，民政部、国家卫生健康委、中国残联等加快发展精神障碍社区康复。截至 2020 年底，全国在册严重精神障碍患者 643 万人，规范管理率由 2015 年的 86.40% 提高至 2020 年的 89.01%，60% 的区县设立精神障碍社区康复机构或通过政府购买服务开展康复工作，97.8% 的区县以奖代补落实严重精

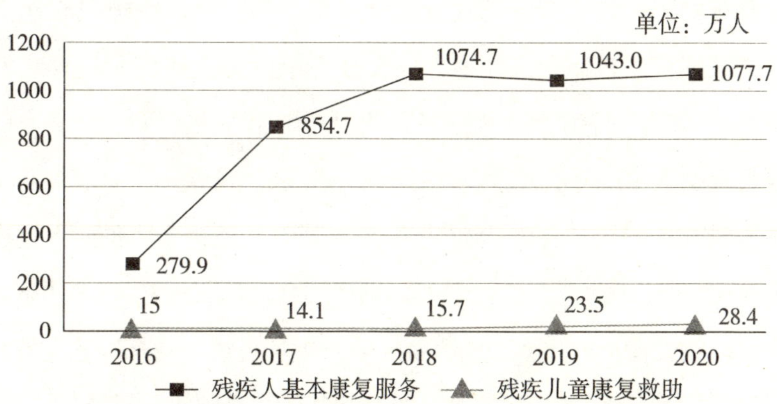

图1–3 “十三五”时期持证残疾人和残疾儿童基本康复服务情况

神障碍患者监护责任。全国精神卫生福利机构达到144家，床位6.7万张。精神科执业（助理）医师达到50496人。

全国残疾人专业康复服务机构达到10440个，在岗人员29.5万人。鼓励康复医院加入城市医联体和县域医共体建设，促进区域内康复服务能力提升。

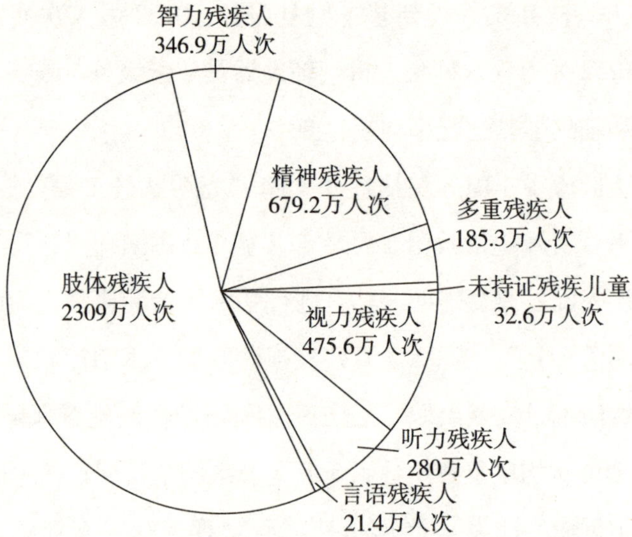

图1-4 “十三五”时期各类别残疾人基本康复服务情况

3. 残疾人受教育水平提高

国务院修订《残疾人教育条例》，教育部、国家发展改革委、财政部、中国残联等共同实施两期特殊教育提升计划。教育部、中国残联建立残疾儿童少年数据共享机制，推动地方以区县为单位建立残疾人教育专家委员会，“一人一案”安置适龄残疾儿童少年入学。积极推行融合教育，促进更多残疾儿童少年在普通学校就读。“十三五”末，残疾儿童少年接受义务教育比例达到95%，全国特教学校达到2244所、在校生88.08万人、特教专任教师6.62万人，比“十二五”末分别增加9.3%、99.2%、31.6%。义务教育阶段特殊教育学校和随班就读残疾学生生均公用经费标准达到6000元。山西、陕西等10余个省（区、市）提高特殊教育教师津贴标准。

家庭经济困难残疾学生按规定享受普通高中免学杂费政策和中等职业

教育免费政策。加快发展残疾人职业教育，累计资助 30 所次中高等特教院校改善办学条件、提高办学质量。制定残疾人参加普通高考便利措施，5.75 万名残疾学生被普通高等院校录取。实施单考单招，近 1 万名残疾学生被高等特教院校录取。资助 8 万多名家庭经济困难的残疾儿童接受普惠性学前教育。22.1 万名青壮年残疾人文盲接受扫盲教育。

发布实施盲、聋和培智三类特殊教育学校义务教育课程标准，编写完成 239 册新课标教材，提升特殊教育质量。研制国家通用手语和国家通用盲文，以特教学校和公共服务领域为重点在全国推行。编写《中华经典读本》（手语版、盲文版），加强国家手语和盲文研究中心建设。开展听力、视力残疾人普通话水平测试工作，共测试约 1300 人次。

4. 群众性文化活动广泛开展， 残疾人精神文化生活更加丰富

出版《习近平新时代中国特色社会主义思想学习纲要》《习近平谈治国理政》第三卷等盲文版、大字版时政类读物，帮助残疾人学习习近平新时代中国特色社会主义思想。

文化和旅游部引导各类公共文化服务机构积极为残疾人提供优先、优质、优惠的文化产品和服务，广泛开展面向残疾人的文化志愿服务。文化和旅游部、中国残联等组织开展“全国残疾人文化周”“共享芬芳 · 共铸小康”“书香中国 · 阅读有我”、文化进残疾人家庭“五个一”等残疾人文化服务示范活动，每年近 160 万残疾人参与。

实施“盲人数字阅读推广工程”，全国各级公共图书馆设立盲文及有声读物阅览室 1258 个，席位达到 2.8 万个。各地普遍开展盲人无障碍影视服务，形成“光明影院”“心目影院”等服务品牌。开设省级残疾人专题广播节目 25 个、电视手语栏目 34 个；地级残疾人专题广播节目 209 个、电视手语栏目 262 个。

支持残疾人参与非物质文化遗产传承，扶持 172 个全国残疾人文化创意产业基地。举办第九届全国残疾人艺术汇演，华东地区残疾人文创作品展等地方残疾人文化活动日益活跃。

5. 全力备战北京2022年冬残奥会，推动残疾人体育全面发展

我国开展冬残奥项目由2个拓展到6个，实现了冬残奥比赛大项全覆盖，冬季项目运动员由不足50人发展至上千人，中国残疾人体育代表团预计将参加北京冬残奥会全部6个大项70多个小项的比赛，努力在“家门口”取得好成绩。“十三五”时期，中国残疾人体育代表团参加59项冬残奥国际赛事、获得38枚金牌。在2018年平昌冬残奥会上勇夺轮椅冰壶金牌，实现了冬残奥会金牌和奖牌零的突破。大力开展残疾人大众冰雪运动，举办“中国残疾人冰雪运动季”等活动。

中国残疾人体育代表团在2016年里约残奥会上实现金牌数和奖牌数四连冠。在第23届夏季听障奥运会、第19届冬季听障奥运会上取得参赛以来的最好成绩。在第14届、第15届世界夏季特奥会上取得优异成绩。“十三五”时期，中国残疾人体育代表团共参加160项国际赛事，取得1114枚金牌。成功举办全国第十届残运会暨第七届特奥会，实现了残运会与全运会首次同城举办。

体育总局、中国残联推动残疾人康复健身体育和竞技体育均衡发展。将残疾人作为全民健身服务的重点人群，实施“自强健身工程”“康复体育关爱工程”和“全民健身助残工程”，举办“残疾人健身周”“全国特奥日”等群众性残疾人体育活动，累计建设残疾人社区健身示范点10675个，培养残疾人社会体育指导员12.5万名，研发推广摇摆铃等适合残疾人使用的小型康复健身体育器材，创编普及轮椅哑铃操、盲人花式跳绳等残疾人康复健身体育项目和方法。为43.4万户重度残疾人提供了康复体育进家庭服务。经常参加社区文化体育活动的残疾人由“十二五”末的6.8%增长至“十三五”末的17.8%。

6. 无障碍建设加快推进，环境更加友好便利

《国务院办公厅关于全面推进城镇老旧小区改造工作的指导意见》对无障碍改造提出要求。住房和城乡建设部、中国残联等共同开展城市居住社区建设补短板行动，指导各地补齐老旧小区无障碍设施短板，居住区配

套居民停车场（库）设置无障碍机动车位。住房和城乡建设部开展城市体检评估，指导样本城市查找短板和不足，加强无障碍设施建设。交通运输部、文化和旅游部、中国人民银行、银保监会、国家邮政局等加快推进交通运输、旅游、金融、邮政等行业无障碍建设。加快交通基础设施无障碍建设，推广低地板公交车和无障碍出租车，3598辆动车列车组设置了残疾人专用席位。盲人可携带导盲犬乘坐火车、飞机。银行业金融机构改造坡道、盲道，设置无障碍卫生间和停车位。邮政部门为重度残疾人提供上门服务，快递行业为聋人客户提供短信服务。推进法院接待、审判场所无障碍，允许相关辅助、陪护人员陪同残疾当事人出庭。北京冬奥会、冬残奥会场馆，雄安新区，北京大兴国际机场等重点工程无障碍建设取得进展。命名146个无障碍示范和达标市县村镇。加快实施残疾人家庭无障碍改造，累计为65.3万贫困重度残疾人家庭实施无障碍改造，为残疾人脱贫攻坚和独立生活提供了有力支撑。

工业和信息化部、中国残联等加快推进信息无障碍建设，帮助残疾人共享信息社会的便利。开展“中国政务信息无障碍公益行动”，为超过800家政府单位搭建信息无障碍服务平台，3.2万个政务网站实现信息无障碍。加快阅读类、生活类、交通出行类移动互联网应用程序（APP）无障碍改造。湖北等地建立无障碍信息交流综合服务平台，为视力、听力和言语残疾人提供语音短信、语音定位导航、文字短信紧急呼叫等服务。

7. 扶残助残社会氛围更加浓厚

中央宣传部、广播电视总局加大对残疾人事业宣传力度，深入宣传习近平总书记关于残疾人事业的重要指示批示，宣传党中央、国务院对残疾人和残疾人事业的格外关心、格外关注。国务院新闻办发表《平等、参与、共享：新中国残疾人权益保障70年》白皮书，举办6次关于残疾人事业的新闻发布会。《人民日报》发表文章440余篇，新华社发布报道800余篇，中央电视台《新闻联播》播出报道78条。编辑出版《中国残疾人事业研究报告》蓝皮书、《中国残疾人发展与社会进步年度纵览》《自强之歌》《助残之歌》和《残疾人研究》等主题出版物。制作播出了《北极光》《最深的夜，最亮的灯》等一批残疾人题材优秀舞台剧、纪录片、公益广告和网络视听节目，支持拍摄了《朝华》《归雁》《盲舞》等公益电影。工业和信息化部组织中国电信、中国移动、中国联通发送“全国助残日”“残疾预防日”公益宣传短信超过50亿条。开设中国残联新媒体平台，向海内外宣传中国残疾人事业和人权保障成就。扶残助残的社会氛围更加浓厚，残疾人参与社会生活的环境明显改善。

（四）残疾人事业法律法规政策标准体系更加完备，残疾人平等权利得到更好保障

加快推进残疾人事业法律法规政策标准体系建设，促进残疾人保障法等法律法规实施，为维护残疾人平等权利和加快残疾人小康进程提供法治保障。

1. 完善残疾人权益保障法律法规体系

民法典、基本医疗卫生与健康促进法、公共文化服务保障法、中医药法等20多部法律法规中规定保障残疾人权益的内容。国务院颁布《残疾预防和残疾人康复条例》、修订《残疾人教育条例》，各省（区、市）完成残疾人保障法地方实施办法修订工作，残疾人保障法配套行政法规和地方法规更加完备。

2. 基本形成残疾人事业规划体系

“十三五”国民经济和社会发展总体规划对保障残疾人基本权益、提升残疾人服务保障水平做出部署，人口发展、基本公共服务等相关专项规划将残疾人事业作为重要内容予以部署，各省（区、市）制定实施加快残疾人小康进程或残疾人事业发展规划，基本形成了互相衔接、互为补充的残疾人事业规划体系。

3. 初步建立残疾人事业公共政策体系

中共中央、国务院《关于打赢脱贫攻坚战的决定》《关于打赢脱贫攻坚战三年行动的指导意见》《关于实现巩固拓展脱贫攻坚成果同乡村振兴

有效衔接的意见》，中共中央办公厅、国务院办公厅《关于建立健全基本公共服务标准体系的指导意见》等政策文件将残疾人作为重点目标人群，国务院出台了《关于全面建立困难残疾人生活补贴和重度残疾人护理补贴制度的意见》《关于加快发展康复辅助器具产业的若干意见》《关于建立残疾儿童康复救助制度的意见》《国家残疾预防行动计划（2016—2020年）》等专项政策文件，国务院残工委成员单位制定了残疾人社会保障、就业促进、公共服务等方面的53项政策文件（清单附后），残疾人事业公共政策体系初步建立。

4. 加快推进残疾人服务标准体系建设

国家标准化管理委员会高度重视残疾人服务标准体系建设，将残疾人公共服务标准纳入国家标准化战略。住房和城乡建设部、工业和信息化部等制定修订残疾人就业服务中心等工程建设标准和无障碍等行业标准；中国残联、国家语委、教育部发布国家通用手语常用词表、国家通用盲文方案、汉语手指字母方案、《中华人民共和国国歌》国家通用手语方案等语言文字规范；国家标准化管理委员会发布残疾人托养、文化服务、城市公共交通无障碍、互联网信息无障碍和导盲犬等15项国家标准。《城市公共汽电车客运服务标准》等相关国家标准和旅游景区、旅游饭店质量等级划分与评定等相关行业标准规定了残疾人服务标准的内容。哈尔滨、合肥等地开展残疾人基本公共服务标准化建设试点。《服务于视障者的信息服务系统》成为我国主导、国际电信联盟批准的首个信息无障碍国际标准。

5. 加大残疾人权益保障法律法规的宣传执行力度

中央宣传部、司法部等大力宣传残疾人合法权益保护方面的法律法规。中国人民银行、税务总局组织开展残疾人金融、税务知识普及。司法部促进残疾人获得普惠、精准、及时和优质高效的公共法律服务，组织办理残疾人法律援助案件23万余件，为残疾人提供法律咨询97万余人次。司法部、中国残联开展“法援惠民生·关爱残疾人”品牌建设活动。中国残联开通12385残疾人服务热线，做好残疾人信访工作。公安部严厉打击强迫智力残疾人劳动等违法犯罪行为。最高人民法院公布10起残疾人权益保障典型案件，发挥司法裁判的示范引领作用。

开展残疾人学法用法专项行动，举办全国残疾人权益保障法律知识网络竞赛、残疾人法律知识大讲堂、全国盲人法律知识演讲比赛等活动，促进残疾人知法懂法守法用法。

“十三五”时期，全国“两会”关于残疾人和残疾人事业的建议提案达到431件，全国政协举办以“重视特殊教育”“无障碍环境建设”为主题的双周协商座谈会。各级人大、政协开展残疾人保障法执法检查、视察和调研3000多次。6637名残疾人、残疾人亲属和残疾人工作者担任各级人大代表和政协委员。

6. 保护残疾人权益，激励残疾人自强自立

公安部、退役军人事务部、中央军委政治工作部加强伤残民警、残疾军人抚恤优待和退役伤病残军人移交安置工作。全国总工会、共青团中央、全国妇联重视维护残疾职工、残疾青年、残疾妇女、残疾儿童合法权益。国家民委围绕铸牢中华民族共同体意识，充分尊重少数民族残疾人风俗，促进少数民族残疾人脱贫，维护少数民族残疾人合法权益。西藏、新疆残疾人事业跨越发展，为当地社会稳定和长治久安发挥了积极作用。

激励残疾人自强不息精神，鼓励残疾人自尊、自信、自强、自立，积极投身全面建成小康社会的伟大实践，涌现出“时代楷模”杜富国、张富清等一大批残疾人自强典型。召开第六次全国自强模范暨助残先进表彰大会，表彰167名全国自强模范，习近平总书记、李克强总理等党和国家领导人会见与会代表。

（五）更加重视社会力量和市场主体作用，凝聚加快推进残疾人小康进程的合力

促进残疾人志愿服务、慈善事业和服务产业发展，越来越多的社会力量和市场主体参与残疾人事业，成为残疾人服务的重要力量。

1. 积极推进政府购买助残服务

财政部、民政部、中国残联等共同开展政府购买助残服务试点，完善指导性目录，规范采购流程，制定标准规范。“十三五”时期，各级残联共安排政府购买助残服务专项资金132.9亿元，开展服务项目31471项，服务对象达1.6亿人次。

2. 助残志愿服务和慈善活动广泛开展

国务院残工委每年组织开展“全国助残日”活动。中央文明办、共青团中央、中国残联等组织开展“志愿助残阳光行动”，组织广大志愿者以“结对加接力”等方式，为残疾人提供帮助和服务。中央文明办、全国妇联开展的“巾帼志愿服务”为残疾妇女儿童提供特别关爱。文化和旅游部扶持内蒙古自治区图书馆“心之光”盲人读者无障碍服务等文化助残志愿服务。公安部“百万警进千万家”活动加强对残疾人等困难家庭走访和帮扶。中央军委政治工作部组织官兵就近就便为驻地残疾人提供走访慰问、送医送药等志愿服务，开展科技扶残、文化助残、医疗治残等活动。中国残疾人福利基金会“集善工程”系列慈善服务项目、中国狮子联会“温馨工程”助残服务项目累计投入款物折合人民币39.3亿元，为残疾人康复、教育、就业、脱贫等方面提供帮扶。北京、河北、吉林、湖南等地创建“爱系列”“善立方”“积善助残”“湘助残”等公益助残品牌，全社会关爱帮助残疾人的氛围日益浓厚。国务院残工委表彰了100个“全国助残先进集体”和100名“全国助残先进个人”。中国残联委托第三方专业机构所做的调查显示，86%的社会公众表示“愿意”或者“非常愿意”参与关爱残疾人志愿服务。

3. 残疾人服务产业得到拓展

落实《国务院关于加快发展康复辅助器具产业的若干意见》，民政部牵头建立了部际联席会议制度，开展国家康复辅助器具产业综合创新试点，在产业集聚发展、服务网络建设、业态融合等方面探索经验，开展康复辅助器具社区租赁服务试点，探索康复辅助器具适配新模式。工业和信息化部等支持辅助器具、康复机器人等产业发展，将部分康复机器人纳入首台（套）重大技术装备推广应用指导目录。中国人民银行引导金融机构强化对残疾人康复相关产业的信贷支持和金融服务。市场监管总局、民政部、中国残联等发布辅助器具合格产品目录，开展辅助器具质量监督抽查，营造辅助器具产业发展的良好市场环境。中国残联推动建设6个国家辅助器具发展区域中心，完善辅助器具适配服务网络，探索和推广“互联网+”辅助器具适配服务模式。举办中国国际福祉博览会暨中国国际康复博览会，为辅助器具产品展示、技术交流、商贸采购等提供了良好平台。

（六）加强基础保障条件建设，为残疾人事业发展提供支撑

党对残疾人事业的领导全面加强，残疾人事业领导体制、工作机制、财政投入、基础设施、信息化、人才培养等基础保障条件不断改善，为加快残疾人小康进程和残疾人事业发展提供了保障和动力。

1. 残疾人事业领导体制和工作机制更加完善

国务院残工委贯彻落实习近平总书记关于残疾人事业的重要指示批示和党中央、国务院决策部署，加强统筹协调，各成员单位各司其职、各负其责、密切配合，形成高效协同的工作合力。各地普遍建立党委领导、政府负责的残疾人事业领导体制和工作机制，将残疾人工作纳入民生实事和党委政府年度考核内容。四川、湖南、宁夏等地完善政府残工委工作规则，明确职责分工，建立年度述职制度。党对残疾人事业的领导全面加强，为残疾人事业发展提供了政治保障。

2. 各级财政对残疾人事业投入力度持续增加

“十三五”时期，中央财政累计安排残疾人事业发展补助资金161亿元，专门用于支持开展残疾人康复、扶贫、托养、助学、家庭无障碍改造等工作；全国各级财政累计安排残疾人事业资金2896亿元，年均增长11.5%。地方财政普遍增加对残疾人事业的投入，浙江、上海、湖北、河南、广东、安徽、重庆、云南等地增幅明显。

3. **基础设施建设和使用管理得到加强**

截至"十三五"末，累计建成各类服务设施4405个。建成国家残疾人冰上运动比赛训练馆。各地采取公建公营、公建民营等多种形式规范运行管理，充分发挥基础设施的作用。

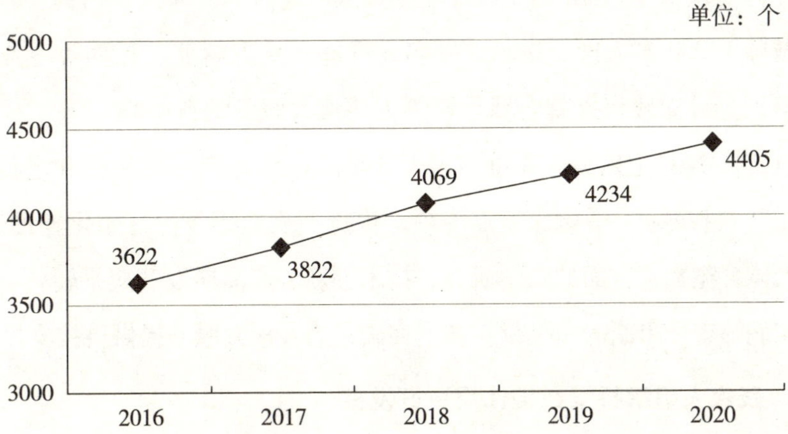

图1-5 "十三五"时期残疾人康复、托养和综合服务设施累计建成数量

4. **信息化建设不断进步**

残疾人两项补贴等纳入政府政务服务信息化平台，加快推进残疾人证办理、残疾人按比例就业年审等事项"跨省通办"。搭建全国残联信息化服务平台，促进"互联网＋助残服务"模式创新应用，鼓励各地采取线上线下相结合、智能化创新和传统服务相结合的方式开展残疾人服务。北京实现残疾人辅助器具申请、审批、购买、配送和结算"一站式"全程网上办理，入选《2020年联合国电子政务报告》经典案例。山东、青海、宁夏等地社会保障卡加载残疾人服务功能。规范残疾评定，推行残疾人证电子证照，为残疾人办证提供便利服务。完善残疾人人口基础数据库，入库持证残疾人3780.7万人，开展全国残疾人基本服务状况和需求专项调查、残疾人家庭收入调查，推动残疾人事业大数据建设。

5. **专业人才培养和科技应用加快推进**

中国残联、国家卫生健康委、国家发展改革委、教育部、财政部、人力资源社会保障部和山东省、青岛市共同推动康复大学筹建工作，按照高起点、高水平、国际化的办学理念，完成了选址、批筹、用地规划、资金筹措、校园规划设计、筹建总体规划研制、专家库组建、学科论证等一系列工作。全国 189 所高校开设康复治疗学等本科专业，招收特殊教育专业的本专科高校增至 80 所。培训康复专业人员超过 3 万人次，培训特教学校骨干教师 13000 多人次、校长 576 名，开展残疾人就业、托养等专业人才培养培训。设立残疾人就业辅导员等为残疾人服务的新职业。

科技部实施"生殖健康及重大出生缺陷防控研究""主动健康和老龄化科技应对""科技冬奥"等国家重点专项，推进残疾人康复、智能化辅助器具、残疾人体育竞赛等方面的科学研究、技术创新、产品研发和成果转化，实现缺陷疾病筛查、阻断等一批重点技术突破，为残疾人服务提供科技支撑。

6. 残疾人组织桥梁纽带作用更好发挥

各级残联以习近平新时代中国特色社会主义思想为指导，贯彻落实习近平总书记关于残疾人事业的重要指示批示和党中央、国务院决策部署，为残疾人解难，为党和政府分忧，团结带领广大残疾人听党话、感党恩、跟党走。全面落实从严治党各项任务，落实中央党的群团工作会议精神和《中国残疾人联合会改革方案》，开展"强基层""走转改""学听跟""邀访·倾听"等专项改革和活动，各级残联政治性、先进性、群众性明显增强，残疾人工作者政治意识、综合素质、履职能力明显提高，与残疾人的血肉联系更加紧密。

基层残疾人组织更加健全。民政部、中国残联共同推动村（社区）残疾人协会建设。形成了北京"温馨家园"，上海"阳光之家"，江苏、浙江、安徽"残疾人之家"，广东"社区康园中心"，福建"福乐家园"等一批基层服务品牌。上海实现残疾人社区服务全覆盖并逐步实行"全市通办"和"一网通办"。残疾人专门协会工作更加规范活跃，开展了"阿炳杯盲人器乐大赛""沣标杯聋人摄影大赛""希望之家""牵着蜗牛去散步""精残政策进万家"等一批深受残疾人欢迎的服务项目。

7. 残疾人事务国际影响力显著提升。

认真履行《残疾人权利公约》，落实联合国2030年可持续发展议程涉残疾人可持续发展目标，我国残疾人事业成就得到国际社会的赞誉。成功举办2013—2022年亚太残疾人十年中期审查高级别政府间会议，习近平主席和联合国秘书长古特雷斯向会议发来贺信，由中国首倡、在北京发起的"亚太残疾人十年"成为残疾人事务区域合作的典范。成功举办两届"一带一路"残疾人事务主题活动，推动"一带一路"残疾人康复、辅助器具、文化体育等领域务实合作。在联合国成立75周年和北京世界妇女大会召开25周年之际，中国残联与联合国亚太经社会、联合国妇女署和康复国际共同发起促进残疾妇女融合发展的倡议，得到国际社会的积极反响。积极参与国际残疾人事务治理体系建设和改革，中国残联主席张海迪于2016年就任、2018年连任康复国际主席。设立康复国际全球残疾人事务发展基金和非洲基金，创立并颁发康复国际杰出贡献奖，为推动国际残疾人事务发展贡献中国智慧和中国方案。

党的十八大以来，特别是"十三五"时期，在党中央、国务院高度重视和各地区各部门各方面共同努力下，残疾人事业取得新的历史成就，迈上新的发展台阶，成为全面建成小康社会的重要方面，彰显了中国共产党领导和社会主义制度的显著优势。

二、当前存在的主要困难和问题

我国有8500多万残疾人。"十四五"时期，由于人口老龄化加快和生育政策调整等因素，残疾仍会多发高发。残疾人仍然是一个特殊困难的群体，残疾人事业仍然是经济社会发展的一块短板：

一是残疾人返贫致贫风险高。相当数量的低收入残疾人家庭生活还比较困难，残疾人家庭人均收入与社会平均水平相比还存在不小差距，"十三五”时期，残疾人家庭人均收入年均增速也低于社会平均水平，收入来源中转移性收入占比高，工资性、财产性收入占比较低，持续增收后劲不足，返贫致贫风险高。

二是残疾人城镇化率低、受教育水平低、就业层次低。我国常住人口城镇化率为63.89%，持证残疾人非农户籍占比仅为21%。残疾人受教育水平普遍偏低，大多数为初中及以下文化程度，就业竞争力不足。残疾人就业不充分，仍有700余万残疾人未就业，其中40%为中轻度残疾人。残疾人就业层次偏低，大部分残疾人就业以低技能制造和低端服务业为主。

三是残疾人基本民生需求还没有充分满足、美好生活需要日益增加。歧视残疾人、侵害残疾人权益的现象仍然存在，精神、智力残疾妇女被包办买卖婚姻还时有发生。残疾人就学就医、康复照护、养老托育、无障碍等基本民生需求还没有得到充分满足。残疾人婚姻家庭问题比较多，独居残疾人，残疾儿童家庭、一户多残、老残一体等特殊困难家庭更需要关爱帮助。残疾人经济参与、社会融合、精神富足等方面的需求越来越迫切，残疾人中蕴藏的潜能还没有充分发挥。

四是残疾人事业仍然是经济社会发展的短板。残疾人社会保障水平还不高，近20个省区困难残疾人生活补贴和重度残疾人护理补贴标准处于70—100元/月区间范围。残疾人康复等公共服务总量不足、分布不均衡、质量效益不高，社会力量和市场主体对残疾人服务的参与还不充分，欠发达地区、农村和基层为残疾人服务的能力尤其薄弱，康复等专业人才相当匮乏，科技创新、信息化、人才培养等保障条件亟待强化。

三、对“十四五”残疾人保障和发展的建议

习近平总书记指出，“不断满足人民群众对美好生活的需要，必须保护好残疾人权益，残疾人事业一定要继续推动”，要“进一步发展残疾人

事业，促进残疾人全面发展和共同富裕"。党的十九届五中全会对帮扶残疾人就业、完善特殊教育保障机制、健全残疾人关爱服务体系和设施、完善帮扶残疾人社会福利制度、提升残疾康复服务质量、筹办好北京冬残奥会等提出明确要求。国民经济和社会发展"十四五"规划和2035年远景目标纲要对保障残疾人基本权益、提升残疾人保障和发展水平做出了专门部署安排。国务院印发了《"十四五"残疾人保障和发展规划》。建议立足新发展阶段、贯彻新发展理念、围绕构建新发展格局，在推动高质量发展的进程中，进一步做好"十四五"时期的各项残疾人工作，把习近平总书记的重要指示批示和党中央、国务院决策部署落到实处，在实现"全面建成小康社会，残疾人一个也不能少"的基础上，力争做到共同富裕的路上残疾人不掉队、全面建设社会主义现代化国家的进程中残疾人不落下。

一是突出党对残疾人工作的全面领导。坚持以习近平新时代中国特色社会主义思想为指导，贯彻落实习近平总书记关于残疾人事业的重要指示批示和党中央、国务院决策部署，健全党委领导、政府负责的残疾人工作领导体制，推动残疾人事业治理体系和治理能力现代化，为残疾人保障和发展提供坚强的政治保障。

二是坚持以人民为中心。坚持格外关心、格外关注残疾人，解决好残疾人最关心、最直接、最现实的利益问题，激发残疾人的积极性、主动性、创造性，不断增强残疾人的获得感、幸福感、安全感。

三是明确"十四五"时期残疾人工作主题主线。"十四五"时期以推动残疾人事业高质量发展为主题，以巩固拓展残疾人脱贫攻坚成果和促进残疾人全面发展、共同富裕为主线，保障残疾人平等权利，增进残疾人民生福祉，增强残疾人自我发展能力，推动残疾人事业向着现代化迈进，不断满足残疾人美好生活需要。

四是提升残疾人基本民生保障水平。将巩固拓展残疾人脱贫攻坚成果、提高残疾人特别是困难和重度残疾人民生保障水平作为首要任务，建立健全残疾人返贫监测和帮扶机制，强化残疾人社会救助保障，完善残疾人社会福利制度，合理确定残疾人社会保险覆盖范围和待遇水平，开展重度残疾人托养和照护服务，改善残疾人生活品质。

五是千方百计促进残疾人就业创业。残疾人是重要的人力资源，是社会主义现代化建设的重要力量。建议将帮扶城乡残疾人就业创业放在突出位置，开展残疾人就业促进专项行动，完善残疾人就业创业法规政策，加强残疾人就业服务，提升残疾人职业素质和就业创业能力，多渠道、多形式促进残疾人就业创业，帮助残疾人实现较为充分较高质量的就业，让更多残疾人通过劳动过上更好更有尊严的生活。

六是扩大残疾人服务供给、提升残疾人服务质量。健全包括残疾人康复、教育、文化体育、无障碍等在内的关爱服务体系和设施，加快发展残疾人慈善事业、志愿服务和服务产业，建成高起点、高水平、国际化的康复大学，促进残疾人服务科技创新和人才培养，加强信息化建设，不断扩大残疾人公共服务供给，提高残疾人服务的主动性、精准性、及时性，让残疾人逐步享有专业化和便利化的服务，帮助残疾人增强经济社会参与能力。

七是营造自强和助残的文明氛围。残疾人事业发展是社会文明进步的重要标志。深入开展习近平新时代中国特色社会主义思想学习教育，学习宣传习近平总书记关于残疾人事业的重要指示批示，坚持以社会主义核心价值观为引领，加强新时代中国特色残疾人事业理论和实践研究，厚植残疾人事业发展的思想文化基础。办好北京2022年冬残奥会，将扶残助残纳入公民道德建设、文明创建活动和新时代文明实践活动，弘扬人道主义精神和扶残助残传统美德，营造理解、尊重、关心、帮助残疾人的文明社会氛围，鼓励残疾人自尊、自信、自强、自立。

（附件：配套政策文件表）

附件

配套政策文件表

国务院出台的专项文件				
序号	**文件名称**	**发文单位**	**发文时间**	**文号**
1	《关于全面建立困难残疾人生活补贴和重度残疾人护理补贴制度的意见》	国务院	2015年9月22日	国发〔2015〕52号
2	《关于印发国家残疾预防行动计划(2016—2020年)的通知》	国务院办公厅	2016年8月25日	国办发〔2016〕66号
3	《关于加快发展康复辅助器具产业的若干意见》	国务院	2016年10月23日	国发〔2016〕60号
4	《残疾人教育条例》	国务院	2017年2月1日	国务院令674号
5	《残疾预防和残疾人康复条例》	国务院	2017年2月7日	国务院令第675号
6	《关于建立残疾儿童康复救助制度的意见》	国务院	2018年6月21日	国发〔2018〕20号
残工委成员单位制定的文件				
一、社会保障类				
7	《人力资源社会保障部关于工伤保险待遇调整和确定机制的指导意见》	人力资源社会保障部	2017年7月28日	人社部发〔2017〕58号
8	《关于在脱贫攻坚中做好贫困重度残疾人照护服务工作的通知》	民政部、财政部、国家卫生健康委、国务院扶贫办、中国残联	2019年5月5日	民发〔2019〕33号
9	《关于建立困难残疾人生活补贴和重度残疾人护理补贴标准动态调整机制的指导意见》	民政部、财政部、中国残联	2019年7月4日	民发〔2019〕67号
10	《关于扎实做好疫情防控常态化背景下残疾人基本民生保障工作的指导意见》	中国残联、民政部、财政部、人力资源社会保障部、国务院扶贫办	2020年5月22日	残联发〔2020〕17号

续表 1

序号	文件名称	发文单位	发文时间	文号
二、就业类				
11	《关于促进残疾人就业增值税优惠政策的通知》	财政部、国家税务总局	2016年5月5日	财税〔2016〕52号
12	《关于实施〈残疾人职业技能提升计划（2016—2020年）〉的通知》	人力资源社会保障部办公厅、中国残联办公厅	2016年5月17日	人社厅发〔2016〕69号
13	《残疾人就业促进“十三五”实施方案》	中国残联、国家发展改革委、民政部、人力资源社会保障部、原国家卫生计生委、国家税务总局、国家中医药管理局	2016年10月8日	残联发〔2016〕48号
14	《关于进一步落实残疾人辅助性就业机构扶持政策的通知》	中国残联办公厅	2017年6月	残联厅发〔2017〕35号
15	《关于促进残疾人就业政府优先采购政策的通知》	财政部、民政部、中国残联	2017年8月22日	财库〔2017〕141号
16	《关于扶持残疾人自主就业创业的意见》	中国残联、国家发改委、民政部、财政部等15部门单位	2018年1月12日	残联发〔2018〕6号
17	《关于贯彻落实职业技能提升行动方案（2019—2021年）的通知》	中国残联办公厅	2019年6月24日	残联厅发〔2019〕155号
18	《关于完善残疾人就业保障金制度更好促进残疾人就业的总体方案》	国家发展改革委、财政部、民政部、人力资源社会保障部、国家税务总局、中国残联	2019年12月27日	发改价格规〔2019〕2015号
19	《关于完善残疾人就业保障金制度更好促进残疾人就业的总体方案》实施方案	中国残联	2020年3月3日	残联发〔2020〕7号

续表 2

序号	文件名称	发文单位	发文时间	文号
三、公共服务				
(一) 康　复				
20	《关于新增部分医疗康复项目纳入基本医疗保障支付范围的通知》	人力资源社会保障部、原国家卫生计生委、民政部、财政部、中国残联	2016年3月9日	人社部发〔2016〕23号
21	《关于进一步做好重度残疾人医疗服务及保障工作的通知》	原国家卫生计生委办公厅、民政部办公厅、财政部办公厅、人力资源社会保障部办公厅、中国残联办公厅	2016年4月14日	国卫办医发〔2016〕15号
22	《关于印发〈残疾人精准康复服务行动实施方案〉的通知》	中国残联、原国家卫生计生委、国务院扶贫办	2016年6月2日	残联发〔2016〕27号
23	《关于做好残疾儿童康复救助申请人信息比对工作的通知》	中国残联办公厅、民政部办公厅、国务院扶贫办综合司	2018年9月6日	残联厅发〔2018〕19号
24	《关于印发〈残疾人基本康复服务目录〉(2019年版)的通知》	中国残联、民政部、国家卫生健康委、国务院扶贫办	2019年7月15日	残联发〔2019〕34号
25	《关于开展残疾儿童康复救助定点服务机构管理试点工作的通知》	中国残联、民政部、国家卫生健康委	2020年10月28日	残联发〔2020〕40号
26	《关于印发〈精神障碍社区康复服务工作规范〉的通知》	民政部、国家卫生健康委、中国残联	2020年12月28日	民发〔2020〕147号
27	《关于积极推行政府购买精神障碍社区康复服务工作的指导意见》	民政部、财政部、人力资源社会保障部、国家卫生健康委、中国残联	2020年12月25日	民发〔2020〕148号

续表 3

序号	文件名称	发文单位	发文时间	文号
（二）教　育				
28	《国家手语和盲文规范化行动计划（2015—2020年）》	中国残联、教育部、国家语委、国家新闻出版广电总局	2015年10月13日	残联发〔2015〕47号
29	《关于免除普通高中建档立卡家庭经济困难学生学杂费的意见》	教育部、财政部	2016年8月30日	财教〔2016〕292号
30	《盲校义务教育课程标准（2016年版）》《聋校义务教育课程标准（2016年版）》《培智学校义务教育课程标准（2016年版）》	教育部	2016年12月1日	教基二〔2016〕5号
31	《残疾人参加普通高等学校招生全国统一考试管理规定》	教育部、中国残联	2017年4月7日	教学〔2017〕4号
32	《第二期特殊教育提升计划（2017—2020年）》	教育部、中国残联等7部门	2017年7月17日	教基〔2017〕6号
33	关于加快发展残疾人职业教育的若干意见	教育部、国家发展改革委、财政部、中国残联	2018年4月23日	教职成〔2018〕5号
34	《关于推广国家通用手语和国家通用盲文的通知》	中央宣传部、中国残联、教育部、国家语委、国家广播电视总局	2018年6月18日	残联发〔2018〕36号
35	《关于加强残疾儿童少年义务教育阶段随班就读工作的指导意见》	教育部	2020年6月17日	教基〔2020〕4号
（三）文化体育				
36	《关于印发〈残疾人文化体育工作“十三五”实施方案〉的通知》	中国残联、文化和旅游部等4部门	2016年9月21日	残联发〔2016〕49号
37	《中国残联办公厅、文化和旅游部办公厅关于积极引导残疾人参与非遗保护试点工作的通知》	中国残联、文化和旅游部	2020年5月14日	残联厅发〔2020〕5号

续表 4

序号	文件名称	发文单位	发文时间	文号
（四）无障碍				
38	《关于加强网站无障碍服务能力的指导意见》	中央网信办、中国残联	2016年2月25日	残联发〔2016〕8号
39	《无障碍环境建设"十三五"实施方案》	中国残联、住房和城乡建设部等13部门	2016年9月21日	残联发〔2016〕50号
40	《关于进一步加强邮政行业无障碍环境建设等相关工作的通知》	中国残联、国家邮政局	2017年7月19日	国邮发〔2017〕58号
41	《关于支持视力、听力、言语残疾人信息消费的指导意见》	工业和信息化部、中国残联	2017年12月13日	残联发〔2017〕77号
42	《关于在国家老旧小区改造试点中切实落实无障碍改造工作的通知》	中国残联	2018年1月11日	残联函〔2018〕7号
43	《关于进一步加强和改善老年人残疾人出行服务的实施意见》	交通运输部等7部委	2018年1月8日	交运发〔2018〕8号
44	《关于开展无障碍环境市县村镇创建工作的通知》	住房和城乡建设部等5部门	2018年11月5日	建标〔2018〕114号
45	《关于建立无障碍环境建设促进队伍加快推进无障碍环境建设工作的指导意见》	中国残联	2019年	
46	《关于进一步做好铁路残疾人旅客专用票额车票发售工作的通知》	中国残联、国铁集团等4部门	2020年1月22日	铁办客〔2020〕7号
47	《关于开展城市居住社区建设补短板行动的意见》	中国残联、住房和城乡建设部、教育部、工业和信息化部、公安部等13部门	2020年8月18日	建科规〔2020〕7号
48	《关于推进信息无障碍的指导意见》	工业和信息化部、中国残联	2020年9月11日	工信部联信管〔2020〕146号
49	《互联网应用适老化及无障碍改造专项行动方案》	工业和信息化部	2020年12月24日	工信部信管〔2020〕200号

续表 5

序号	文件名称	发文单位	发文时间	文号
（五）应急服务				
50	《关于做好隔离的残疾人和亲属隔离的残疾人照护服务工作的通知》	中国残联办公厅	2020年2月11日	残联厅发〔2020〕20号
51	《关于集中开展疫情影响下特殊困难残疾人家庭走访探视专项行动的通知》	中国残联办公厅	2020年4月22日	残联厅发〔2020〕61号
52	《关于印发〈重大传染病疫情残疾人防护指南（试行）〉的通知》	中国残联办公厅	2020年9月10日	残联厅发〔2020〕8号
53	《关于印发〈重大传染病疫情残疾人防护社会支持服务指南（试行）〉的通知》	中国残联、中宣部、民政部、工信部、住建部、教育部、国家卫健委、国家市场监管总局、国家广电总局	2020年10月20日	残联发〔2020〕38号
（六）综　合				
54	《政府购买残疾儿童康复服务和助残组织培育试点工作实施方案》	中国残联办公厅	2016年	残联厅发〔2016〕33号
55	《关于进一步推动政府购买助残服务的实施意见》	中国残联、财政部	2019年8月12日	残联发〔2019〕38号
四、其　他				
56	《关于加强和改进专门协会工作的意见》	中国残联	2019年5月13日	残联发〔2019〕27号
57	《关于加强和改进村（社区）残疾人协会工作的意见》	中国残联、民政部	2020年5月15日	残联发〔2020〕15号

“十三五”加快残疾人小康进程规划纲要实施情况中期评估报告*

党的十八大以来，以习近平同志为核心的党中央对残疾人事业格外关心、格外关注。习近平总书记明确要求“全面建成小康社会，残疾人一个也不能少”。在党中央、国务院的高度重视下，经过各地区各部门的共同努力，《“十三五”加快残疾人小康进程规划纲要》（以下简称《纲要》）实施进展顺利，符合预期，主要指标和重点任务基本实现时间过半、任务过半，为全面完成规划打下了基础。

一、《纲要》实施进展和取得的成效

（一）主要指标完成情况

加快残疾人小康进程主要指标基本实现时间过半、任务过半，困难残疾人生活补贴和重度残疾人护理补贴等部分指标提前实现“十三五”目标，残疾人辅助器具适配等个别指标进展还比较缓慢。

（二）重点任务完成情况

1. 残疾人社会保障水平提高，基本民生得到更好保障

以全面建立困难残疾人生活补贴和重度残疾人护理补贴为标志，残疾

*来源：《国务院残工委关于印发〈“十三五”加快残疾人小康进程规划纲要〉实施情况中期评估报告》（残工委发〔2019〕1号）。

专栏1　加快残疾人小康进程主要指标

指　标	中期完成情况	目标值
1. 残疾人家庭人均收入年均增速	5.1%	>6.5%
2. 困难残疾人生活补贴目标人群覆盖率	100%	>95%
3. 重度残疾人护理补贴目标人群覆盖率	100%	>95%
4. 残疾人城乡居民基本养老保险参保率	80%	90%
5. 残疾人城乡居民基本医疗保险参保率	96%	95%
6. 农村建档立卡贫困残疾人脱贫率	39.1%	100%
7. 农村贫困残疾人家庭存量危房改造率	16.68 万户	100%
8. 残疾人基本康复服务覆盖率	79.8%	80%
9. 残疾人辅助器具适配率	62.9%	80%
10. 残疾儿童少年接受义务教育比例	90%（盲、聋、智障三类残疾儿童）	95%

说明

指标1：中国残联开展了对全国31个省（区、市）1万户残疾人家庭的收入状况调查。2017年，全国残疾人家庭人均可支配收入比2016年名义增长6.7%，扣除价格因素，实际增长5.1%，低于2017年全国居民人均可支配收入增长水平，2017年全国居民人均可支配收入比2016年名义增长9.0%，扣除价格因素，实际增长7.3%。

指标2、3：困难残疾人生活补贴和重度残疾人护理补贴实现县级制度全覆盖。

指标4、5：数据来自2017年全国残疾人基本服务状况和需求信息数据动态更新。

指标6：数据截至2017年12月。

指标7：数据来源于住房城乡建设部有关统计。

指标8、9：数据来自全国残疾人基本服务状况和需求信息数据动态更新，数据截至2018年6月。

指标10：数据来源于教育部有关统计。

人社会保障水平提高，基本民生得到更好保障。

（1）残疾人社会福利实现突破。困难残疾人生活补贴和重度残疾人护理补贴实现制度全覆盖，截至2017年底，分别惠及困难残疾人1062万人，重度残疾人1164万人。每年为约70万残疾人机动轮椅车提供燃油补贴。加快发展残疾人托养照料服务，为205.3万人次残疾人提供了各种形式的托养服务。河南驻马店市、山东聊城市、四川乐山市、湖北长阳县、重庆奉节县等地在贫困重度残疾人集中托养、日间照料、邻里照护等方面创造了一批行之有效的经验和做法。

北京、辽宁、上海、江苏、福建、广东、青海、宁夏等8个省（区、市）及部分市级、县级行政单位建立残疾人辅助器具补贴制度。北京建立残疾人家庭无障碍改造补贴制度。福建等地对一户多残等特殊困难家庭予以补贴。上海等地对残疾人交通出行等予以补贴。北京、吉林、浙江、大连等地建立精神残疾人免费服药或补贴制度。

中国残联、工业和信息化部印发了《关于支持视力、听力、言语残疾人信息消费的指导意见》。天津、郑州等地为盲人、聋人发放信息消费补贴。黑龙江、上海、浙江、福建、西藏、青岛等地基础电信企业出台了残疾人专享手机套餐或费用减免优惠政策。

（2）残疾人社会救助水平提高。民政部会同相关部门出台政策文件，指导各地将符合条件的贫困残疾人纳入社会救助范围。904万贫困残疾人得到最低生活保障，其中268万成年无业重度残疾人实现单独施保，一些地方提高了残疾人的救助标准。98.1万特困残疾人得到救助供养。支持各地加大对贫困残疾人家庭等重点对象危房改造力度，为16.68万户农村贫困残疾人家庭实施了危房改造。

（3）残疾人社会保险参保率稳步提高。落实残疾人社会保险个人缴费资助政策，2017年全国残疾人基本服务状况和需求信息数据动态更新的实名制数据显示，残疾人城乡居民养老保险参保率达80%、城乡居民基本医疗保险参保率达96%，1级至6级残疾军人全部纳入城镇职工基本医疗保险范围。低保家庭、特困人员、建档立卡贫困人口中的残疾人全部纳入城乡居民基本医保和大病保险覆盖范围。29项康复医疗项目纳入基本医疗保险报销范围。山东、云南等地实施残疾人提前领取养老金政策。北京、上海、江苏、浙江、山东、福建、湖北、湖南、陕西、海南等地等积极开展为残疾人购买商业保险试点工作。

（4）落实残疾人和残疾人事业税收优惠政策。财政部、税务总局落实和完善支持残疾人就业创业和提供相关服务的税收优惠政策，2017年度减免税合计270多亿元。海关总署落实残疾人专用品免征进口税收政策，截至2018年7月底，残疾人专用品进口税收优惠政策项下，免征税款合计3.12亿元人民币，涉及货值2.04亿美元。

（5）残疾人基本住房得到优先保障。住房城乡建设部会同相关部门，指导和督促各地落实住房保障相关政策，对符合条件的城镇残疾人家庭，优先安排公租房，并在选择户型、楼层等方面给予照顾。同时，积极推进公租房货币化，对符合条件的城镇残疾人家庭在市场租房的，政府给予租赁补贴，更好地满足其多样化的住房需求。2017年底，58万城镇残疾人家庭享受公租房保障。

2. 贫困残疾人脱贫步伐加快，就业状况改善

紧紧围绕“全面建成小康社会，残疾人一个也不能少”的目标，残疾人精准脱贫和就业创业取得显著成效。

（1）贫困残疾人脱贫步伐明显加快。2016、2017两年贫困残疾人共减贫230.5万。落实《中共中央国务院关于打赢脱贫攻坚战的决定》和中国残联、农业农村部、国务院扶贫办等部门单位制定的《贫困残疾人脱贫攻坚行动计划（2016—2020年）》，将农村贫困残疾人作为群体攻坚的重点，加强精准识别、精准帮扶和精准考核。着力解决因残致贫家庭突出困难，确保符合条件的建档立卡贫困残疾人全部纳入农村低保范围，加大建档立卡贫困家庭重度残疾人的医疗救助，严格落实困难残疾人生活补贴制度和重度残疾人护理补贴制度，为16岁以上有照料护理需求的重度残疾人提供照护和托养服务，逐一解决贫困家庭未入学适龄残疾儿童义务教育问题，扶持因残致贫家庭更好地享受资产收益扶贫政策。河北、山西、内蒙古、黑龙江、山东、湖南、广西、重庆、陕西、新疆等地和新疆生产建设兵团创造了健康助残扶贫、产业助残扶贫、电子商务助残扶贫、基层党支部助残扶贫等一批帮扶贫困残疾人的成功经验和做法。很多贫困残疾人积极学习技能、参与增收项目，安徽残疾人黄勇、李娟，新疆残疾人王秀芝等荣获全国脱贫攻坚奋进奖。

（2）残疾人就业状况改善。2016、2017两年城乡新增残疾人就业66.7万人，其中，城镇新增就业22.4万人，完成"十三五"目标的44.8%。

残疾人就业扶持政策更加完备。财政部、税务总局等部门完善残疾人就业税收优惠政策，发展改革委、人力资源社会保障部、民政部和中国残联等部门单位制定扶持残疾人辅助性就业、自主就业创业和促进残疾人就业政府购买等政策措施，为残疾人就业创业提供了扶持和保护。国家市场监管总局落实工商登记便利化改革，促进残疾人就业创业和残疾人小微企业发展。天津、青海、深圳等地落实就业补贴奖励制度，调动了残疾人参与就业和企业安置残疾人的两个积极性。

残疾人职业培训和就业服务得到加强。人力资源社会保障部、中国残联印发了《残疾人职业技能提升计划（2016—2020年）》。2016、2017两年为123万人次残疾人提供了职业技能培训。参加了第九届国际残疾人职业技能大赛，取得了8金6银6铜的优异成绩，展示了我国残疾人的精湛技艺和工匠精神，为国家赢得了荣誉。通过政府购买服务方式加强和改进对残疾人的就业服务，开展残疾人就业服务信息化建设。人力资源社会保障部和中国残联每年开展残疾人就业援助月活动。退役军人事务部加强退役伤残军人免费教育培训和就业创业服务。中国人民银行重视残疾人金融服务，支持残疾人教育、脱贫和就业创业。全国总工会、共青团中央和全国妇联积极支持促进残疾职工、残疾青年和残疾妇女就业创业。

坚持多渠道、多层次扶持残疾人就业。开展残疾人按比例就业公示，落实对安置残疾人就业企业的补贴奖励，大力推行按比例就业。推动党政机关带头安置残疾人就业。“十三五”以来中央国家机关和北京、上海、浙江、山东等地录用残疾人公务员百余名。积极发展辅助性就业，帮助难以进入竞争性劳动力市场的重度肢体、智力和精神残疾人参加生产劳动。目前，全国建有残疾人辅助性就业机构2015个，安置各类残疾人13.9万名。

3. 残疾人基本公共服务水平提升， 社会参与环境更加友好便利

残疾人康复、教育、文化体育、无障碍等服务全面开展，服务覆盖面不断扩大，质量效益不断提高，为加快残疾人小康进程提供了有力支撑。

（1）强化残疾预防，推进残疾人“人人享有康复服务”目标。国务院颁布实施《残疾预防和残疾人康复条例》。国务院印发《关于建立残疾儿童康复救助制度的意见》，着力保障残疾儿童基本康复服务需求。国家卫生健康委全面加强出生缺陷综合防治，实施免费孕前优生检查、增补叶酸预防神经管缺陷、新生儿疾病筛查等重大公共卫生项目，规范婚前检查、产前筛查与诊断及儿童残疾筛查服务，针对出生缺陷儿出台农村贫困人口大病专项救治等惠民政策，开展系列出生缺陷救助项目，推进三级预防措施落实，有效预防和减少先天残疾发生。国家医疗保障局落实残疾人医疗康复保障政策，新增20项医疗康复项目纳入基本医疗保险报销范围，为残疾人提供医疗服务结算便利。中国残联、国家卫生健康委、国务院扶贫办共同开展残疾人精准康复服务行动，推进残疾人家庭医生签约服务。民政部、国家卫生健康委等部门加快发展精神障碍社区康复服务，为儿童福利机构中的残疾儿童和中西部地区福利机构的残疾人提供康复和辅助器具适配服务。加强社会工作专业人才队伍建设，推动在社区、福利机构和相关社会组织配备使用社会工作专业人才，为残疾人提供心理疏导、精神关爱、社会支持等专业服务。2016、2017两年有近1100万人次残疾人得到基本康复服务，约380万人次残疾人得到辅助器具适配服务。2017年全国残疾人基本服务状况和需求信息数据动态更新的实名制数据显示，残疾人基本康复服务覆盖率达到79.8%，残疾人辅助器具适配率达到62.9%。截至2017年底，全国已有3000多家综合医院设立了康复科室，康复医院达到550多所，全国残疾人专业康复服务机构达到8334个，康复机构在岗人员24.6万人。国务院办公厅印发了《国家残疾预防行动计划（2016—2020年)》，对加强残疾预防，有效减少、控制残疾的发生、发展做出部署。国务院批准每年8月25日为“残疾预防日”，组织开展首个“残疾预防日”宣传活动，启动全国残疾预防综合试验区创建试点工作。

（2）积极做好重度残疾人医疗服务及保障工作。国家卫生健康委联合民政部、财政部等印发了《关于进一步做好重度残疾人医疗服务和保障工作的通知》，建立健全重度残疾人医疗服务体系，提高医疗服务能力，改善重度残疾人看病就医感受，进一步做好重度残疾人保障和就医费用结算服务。

（3）提升特殊教育水平，积极推行融合教育。国务院修订《残疾人教育条例》，教育部、发展改革委、中国残联、财政部等部门共同实施两期《特殊教育提升计划》。残疾儿童少年义务教育普及水平显著提高。截至2017年底，全国有特教学校2107所、在校生57.9万人，比2015年增加13.7万人，增长31%。视力、听力和智力三类残疾儿童少年义务教育入学率达90%以上。残疾人高中阶段和高等教育加快推进。制定实施残疾人参加普通高考便利措施。2016、2017两年2.04万名残疾考生被普通高校录取。残疾人事业专项彩票公益金助学项目累计资助3.31万名家庭经济困难的残疾儿童接受普惠性学前教育。特殊教育教材建设取得突破性进展。盲、聋和智力三类特殊教育学校42门学科义务教育课程标准正式出台，首次为残疾学生制定了学习标准，完成并通过审查教材70册，其中60册已投入使用。积极推行融合教育，促进更多残疾儿童少年在普通学校就读，残疾学生在普通学校就读的比例超过50%。实现家庭经济困难的残疾学生12年免费教育，北京、辽宁、江苏、山东、福建、西藏、新疆等省（区、市）实现15年免费教育。《国家通用手语常用词表》和《国家通用盲文方案》

作为语言文字规范发布，国家通用手语和通用盲文在全国推行。

(4) 广泛开展群众性文化体育活动，丰富残疾人精神文化生活。文化和旅游部大力推进残疾人公共文化服务和产品供给，积极组织开展残疾人群众文化活动。各地公共文化机构积极为残疾人提供优先、优质、优惠的文化产品、服务。截至2017年底，全国各级公共图书馆盲人阅览室坐席数达到2.5万个，盲文图书藏量达到98.3万册，视听文献1782.3万册，地级以上电视台普遍开设手语栏目。开展“共享芬芳”全国残疾人文化周”书香中国·阅读有我”等残疾人文化品牌活动，每年有200多万残疾人参与。举办第九届全国残疾人艺术汇演，文化进残疾人家庭“五个一”项目惠及5.6万户贫困及重度残疾人家庭，150个残疾人文化创意产业基地获得扶持，实施盲人数字阅读推广工程，提升基层为残疾人提供优秀文化产品和服务的能力，残疾人文化服务逐步融入国家基本公共文化服务大局。广泛开展面向残疾人的文化志愿服务，营造关心关爱残疾人的良好文化氛围，更多基层残疾人实现精神生活有寄托、融入社会有尊严。国家体育总局支持推动残疾人与健全人体育运动融合开展，完善基层残疾人体育健身设施建设。推动残疾人健身体育、康复体育和竞技体育均衡发展，实施“自强健身工程”和“康复体育关爱工程”，举办“残疾人冰雪运动季”活动，广泛开展各类残疾人体育赛事。截至2018年5月，全国累计建设社区残疾人健身示范点9053处、为22.2万户重度残疾人提供了康复进家庭服务、培养残疾人社会体育指导员10.4万名、研发推广适合不同残疾类别残疾人使用的小型体育器材共计150种、创编普及残疾人康复健身体育项目和方法24项。2017年全国残疾人基本服务状况和需求信息数据动态更新的实名制数据显示，残疾人社区文体活动的参与率由6.75%上升到10.9%。

(5) 加快无障碍环境建设，营造友好便利环境。交通运输部、公安部、中央网信办等部委出台实施改善残疾人出行服务、残疾人驾驶汽车、加强网站无障碍建设和改造、推进邮政设施无障碍改造等一批无障碍政策，住房城乡建设部、工业和信息化部等部门加快制定修订《无障碍通用规范》《移动终端无障碍技术要求》《银行业无障碍环境建设》等标准，城乡无障碍环境明显改善，行业无障碍公共服务水平持续提升。交通运输部联合中国残联等7部门，制定印发《关于进一步加强和改善老年人残疾人出行服务的实施意见》，明确了中期和远期无障碍出行的发展目标和重点任务，加快推进交通运输无障碍环境建设，加强和改善残疾人出行服务，保障残疾人出行权益。文化和旅游部在实施《旅游景区质量等级划分与评定》《旅游饭店量级的划分与评定》两个标准中，均对为残疾人提供必要的服务提出明确要求，为残疾人出游提供便利。全国政协召开无障碍环境建设双周协商座谈会，相关部门开展百城无障碍设施调查体验活动，北京冬奥会冬残奥会、雄安新区、北京新机场等重点工程无障碍建设取得进展，清华大学、天津大学等高校、研究机构加强无障碍研究，无障碍环境建设社会氛围日益浓厚。助力残疾人脱贫攻坚，共为181万残疾人家庭实施无障碍改造。

中宣部、广电总局加大对残疾人事业宣传力度。深入宣传以习近平同志为核心的党中央对残疾人和残疾人事业的格外关心、格外关注。开设中国残联新媒体平台，拓展阵地。积极利用国内国际主流媒体发声，向海内外宣传中国残疾人事业和人权保障成就。举办"全国助残日"等活动。社会各界更加关注、支持残疾人事业，残疾人参与社会生活的环境进一步改善。

4. **残疾人事业法规政策体系建设加快推进，残疾人平等权利得到更好保障**

"十三五"以来，残疾人事业制度建设加快推进，为维护残疾人平等权利和加快残疾人小康进程提供了保障。

（1）完善残疾人权益保障法律法规体系。《民法总则》《公共文化服务保障法》《公共图书馆法》《中医药法》等二十多部法律中规定对残疾人权益的保障。国务院颁布《残疾预防和残疾人康复条例》、修订《残疾人教育条例》，各省（区、市）完成《残疾人保障法》地方实施办法的修订工作，残疾人保障法配套行政法规和地方法规更加完备。

（2）初步建立残疾人事业公共政策体系。国务院先后出台了《关于加快发展康复辅助器具产业的若干意见》和《关于建立残疾儿童康复救助制度的意见》等政策文件，中共中央、国务院印发《中长期青年发展规划（2016年—2025年）》，要求完善青年社会保障政策体系，加强对残疾青年的关心关爱和扶持保障。有关部门和各地制定了残疾人社会保障、就业促进、公共服务等方面的一系列政策措施，加快推进托养、辅助器具等残疾人服务标准建设，残疾人事业公共政策体系初步建立。

（3）加大残疾人权益保护法律法规的宣传执行力度。《中央宣传部、司法部关于在公民中开展法治宣传教育的第七个五年规划（2016—2020年）》明确要求大力宣传残疾人合法权益保护方面的法律法规。全国“两会”议案提案更多聚焦残疾人和残疾人事业，全国政协连续3年将残疾人权益保障纳入“双周协商座谈会”。司法部开发残疾人公共法律教育系列产品并下发全国，与中国残联共同组织“法律惠民生·关爱残疾人”品牌建设活动、全国残疾人权益保障法律知识网络竞赛，促进残疾人知法懂法守法用法。各级人大、政协每年开展残疾人保障法执法检查、视察和调研700余次。地方残联广泛开展普法宣传活动。

（4）创新残疾人权益保障机制。最高人民法院、中国残联联合印发《关于在审判执行工作中切实维护残疾人合法权益的意见》，加强对残疾人的司法保护。最高人民法院公布10起残疾人权益保障典型案件，发挥司法裁判对社会的示范引领作用。司法部印发《关于“十三五”加强残疾人公共法律服务的意见》，促进残疾人获得普惠、精准、及时和优质高效的公共法律服务。开通12385残疾人服务热线。全国建立残疾人法律救助工作协调机构1987个，建立残疾人法律救助工作站1746个，每年办理案件近4000件。开通残疾人法律救助信息系统，残疾人可以更加便利地获得法律救助服务信息。严厉打击侵犯残疾人合法权益的违法犯罪活动。

5. 更加重视社会力量和市场主体作用，不断凝聚加快残疾人小康合力

"十三五"以来，越来越多的社会力量和市场主体参与残疾人事业，成为残疾人服务的重要力量。

（1）积极推进政府购买残疾人服务。财政部、民政部、中国残联等部门单位共同开展政府购买残疾人服务试点，完善指导性目录，规范采购流程，制定标准规范。2017年，纳入试点范围的各级残联共安排政府购买助残服务专项资金22.66亿元，开展服务项目3478项，服务对象达3165万人次。各地培育了一批残疾人社会组织和专业服务组织。

（2）助残志愿服务和慈善活动广泛开展。中央文明办、团中央、中国残联等部门单位组织开展"志愿助残阳光行动"青年志愿者阳光助残扶贫行动"等志愿服务活动。残疾人慈善事业更加活跃，中国残疾人福利基金会"集善工程"系列慈善服务项目2016、2017两年投入款物折合人民币10亿元，为残疾人在康复、教育、就业、脱贫等方面提供帮扶。各地助残志愿服务和慈善活动广泛开展，全社会关爱帮助残疾人的氛围日益浓厚。

（3）残疾人服务产业得到拓展。落实《国务院关于加快发展康复辅助器具产业的若干意见》，民政部牵头建立了部际联席会议制度，并先后于2017年和2018年组织召开了2次全体会议，明确了各成员单位的职责、任务和年度工作安排。会同相关部门和单位，遴选了河北省石家庄市等12个地区开展国家康复辅助器具产业综合创新试点，并出台了30项试点工作支持政策清单。积极推进康复辅助器具行业放管服改革，对假肢和矫形器（辅助器具）生产装配企业资格认定行政审批实行告知承诺。积极推进康复辅助器具标准化建设，加快推进康复辅助器具引领性和前沿性技术攻关，举办"首届中国康复服务器具创新大会"和"2017中国（北京）国际康复辅助器具博览会"。使用民政部彩票公益金加强康复辅助器具机构能力建设，实施"福康工程"公益项目，为特殊困难残疾人免费配置假肢或矫形器、开展手术矫治及康复治疗，为示范性福利机构免费配置康复辅助器具。中国残联推动建设6个国家辅助器具发展区域中心，辽宁、湖北等地积极推动基本型、智能化辅助器具研发，搭建产业合作平台。完善辅助器具服务网络，探索和推广“互联网+”辅助器具适配服务模式，打通服务“最后一公里”。发布辅助器具合格产品目录，开展辅助器具国家质量监督抽查，努力营造辅助器具产业发展的良好市场环境。举办中国国际福祉博览会暨中国国际康复博览会，为辅助器具产品展示、技术交流、商贸采购等提供了良好平台。

6. 加强基础保障条件建设，为残疾人事业发展提供支撑

“十三五”以来，残疾人事业财政投入、基础设施建设、信息化和大数据、人才培养等基础保障条件不断改善，为残疾人事业加快发展提供了动力。

（1）残疾人事业领导体制和工作机制更加完善。坚持党对残疾人工作的领导，党委领导、政府负责、社会参与、残联组织充分发挥作用的残疾人工作体制优势进一步强化。

（2）各级财政加大对残疾人事业投入力度。2016—2018年，中央财政下达残疾人发展补助资金144.42亿元，比“十二五”同期增长48.84%。2016—2018年安排义务教育阶段特殊教育学校公用经费补助资金60.1亿元、特殊教育补助资金12.3亿元。地方财政普遍增加对残疾人事业的投入，湖南、广东、贵州等地增幅明显。

（3）加强基层基础设施建设和使用管理。“十三五”以来，发展改革委累计安排中央预算内投资计划36亿元，共支持超过500个残疾人康复、托养和综合服务设施建设。截至2018年4月，已经开工的残疾人服务设施共有347个，已完工项目73个。各地采取多种形式充分发挥基础设施的作用。江西等地制定残疾人服务设施运行管理制度。

（4）强化大数据和信息化建设。在国家统计局等部门支持下，完善了残疾人口基础数据库，开展了全国残疾人基本服务状况和需求专项调查，实现信息数据年度动态更新，实名制采集了3000多万残疾人基本服务状况和需求信息，基本建成残疾人事业大数据。推进信息化建设，推动“互联网+助残服务”模式创新应用，研发智能化残疾人证。天津、上海、四川、贵州、甘肃、深圳等地充分运用残疾人事业大数据提高残疾人服务的精准度和效能。

（5）加快专业人才培养和科技应用。推动建设中国康复大学，开展了办学主体、建设路径和专业设置等方面的深入研究和多方咨询。开展残疾人康复、特殊教育、就业服务、托养等专业人才培养。科技部重点部署和推进了残疾人康复、残疾防控、辅助器具、残疾人体育竞赛等方面的科学研究、技术创新、产品研发和成果转化。

（6）加强残疾人组织建设。落实中央党的群团工作会议精神，落实中国残联改革方案，围绕保持和增强政治性、先进性、群众性，各级残联党的建设和自身建设显著加强。基层残疾人组织基本实现全覆盖，残疾人专职委员达到59万，形成了北京“温馨家园”，上海“阳光之家”，江苏、安徽“残疾人之家”，广东“社区康园”等一批基层服务品牌。残疾人专门协会工作更加规范、活跃，开展了“阿炳杯盲人器乐大赛”“沣标杯聋人摄影大赛”“希望之家”“牵着蜗牛去散步”“精残政策进万家”等一批广受残疾人欢迎的服务项目。

（7）拓展国际交流合作。认真履行《残疾人权利公约》，推动将残疾人事务纳入联合国2030年可持续发展议程。推动建立了亚太经合组织、亚欧会议等框架下的残疾人事务区域合作机制。成功举办2013－2022年亚太残疾人十年中期审查高级别政府间会议，“亚太残疾人十年”由中国首倡、在北京发起，成为残疾人事务区域合作的典范。2016年中国残联主席张海迪就任康复国际主席。中国残疾人权益保障成就得到国际社会的赞誉。

二、当前存在的主要困难和问题

社会主要矛盾的转化在残疾人事业中有着深刻的体现，残疾人事业发展不平衡不充分的问题更为突出，与残疾人对美好生活的需要相比还有很大差距。

（一）残疾人仍然是一个特殊困难的群体，生活状况与社会平均水平之间还存在相当大的差距。

农村建档立卡贫困残疾人还有280多万，约占建档立卡贫困人口总数的10%以上，相当数量的城乡残疾人生活还比较困难，特别是一户多残、老残一体等特殊家庭和重度精神残疾人等特殊人群困难更加突出。

残疾人家庭人均可支配收入与社会平均水平相比还存在相当大的差距。中国残联开展的全国残疾人家庭收入状况调查显示*，2017年全国残疾人家庭人均可支配收入14268.4元，为全国居民人均可支配收入（25973.8元）的54.9%，比2016年名义增长6.7%，扣除价格因素，实际增长5.1%，分别低于同期全国居民人均可支配收入2.3个百分点和2.2个百分点。从地方情况看，2017年北京市残疾人家庭人均年收入30575元，是全市平均水平（57230元）的53.4%，城乡残疾人家庭收入年均增长速度略高于9%，低于全市平均水平1—2个百分点。2017年云南省人均可支配收入18348元，同比增长9.7%。2017年云南省残疾人家庭人均收入约4800元，同比增长8.6%。

在收入的结构上，全国居民家庭以工资性收入为主，而残疾人家庭仍然以转移性收入为主。2017年残疾人家庭的转移性收入占总收入的比例高

*全国残疾人家庭收入状况调查中，由于未对残疾人家庭住房情况进行调查，残疾人家庭人均可支配收入与全国居民人均可支配收入统计口径有所不同，会对残疾人家庭收入状况评价有一定影响。

达48.4%，而全国居民家庭仅为18.3%；残疾人家庭工资性收入占家庭总收入的比例仅为37.4%，而全国居民家庭占比为56.3%。在支出方面，残疾人家庭人均医疗保健支出是全国居民家庭平均水平的1.7倍。增收难、支出大，在解决绝对贫困后，残疾人的相对贫困问题还将长期存在。打赢贫困残疾人脱贫攻坚战，继而织密筑牢残疾人民生安全网、提高残疾人的生活水平是规划实施后半程要深入研究和解决的问题。

（二）残疾人受教育水平还比较低，残疾人自我发展能力不足。

残疾儿童义务教育入学率仍需要进一步提高，非义务教育阶段特殊教育发展还不能满足残疾人的教育需求。残疾人就业难、就业不稳定、收入低的状况还没有根本改善。残疾人的价值还没有得到充分认识，潜能还没有得到充分发挥。激发残疾人内生动力、增强残疾人自我发展能力，让残疾人能够平等参与发展进程、平等分享发展成果是规划实施后半程乃至更长一个时期需要努力的方向。

（三）残疾人事业仍然是经济社会发展的明显短板，基本公共服务还远不能满足残疾人的需求。

一些部门和地方还没有将残疾人工作纳入重要议事日程和职责范围，一些公共政策对残疾人还存在排斥和歧视。残疾人事业政策法规体系还不完备，保障条件还比较薄弱，城乡区域发展不平衡，基层服务能力尤其薄弱，康复等专业人才相当缺乏，社会力量和市场主体的作用还没有充分发挥。残疾人社会保障水平还比较低，两项补贴平均标准仅为每人每月100元左右，还难以发挥应有的政策效力。基本公共服务覆盖水平还比较低、质量效益还不高，还不能满足各类残疾人的需要。残疾人在医疗康复、教育就业、托养照料、无障碍环境等方面仍面临很多困难。2017年全国残疾人基本服务状况和需求信息数据动态更新的实名制数据显示，57.4万残疾人反映还住在危房中，1132.1万残疾人反映希望得到康复服务，331.9万贫困重度残疾人希望得到家庭无障碍改造，残疾人文体活动整体参与率仍然偏低。如何促进残疾人基本公共服务均等化的问题越来越迫切。由于工业化、城镇化和人口老龄化等原因，我国处于残疾高发时期。加强残疾预防，有效控制残疾的发生和发展，刻不容缓。这些问题必须在“十三五”规划实施的后半程予以重视和解决。

三、规划后半程实施重点

在规划实施的后半程，坚持目标导向和问题导向，以习近平新时代中国特色社会主义思想为指导，落实党的十九大关于“发展残疾人事业”弱有所扶”等要求，落实习近平总书记对残疾人事业的一系列重要论述和指示批示精神，解决好残疾人精准脱贫、就业增收和基本公共服务等突出问题，进一步增进残疾人民生福祉，持续提升残疾人受教育水平，促进残疾人就业创业和社会参与，确保实现“全面建成小康社会，残疾人一个也不能少”的目标。重点做好以下七个方面的工作 ：

（一）坚决打赢贫困残疾人脱贫攻坚战

认真落实《中共中央、国务院关于打赢脱贫攻坚战三年行动的指导意见》和《贫困残疾人脱贫攻坚行动计划（2016—2020 年）》，实施好贫困残疾人脱贫行动，确保农村贫困残疾人如期脱贫。一是继续加强精准识别和精准帮扶。要坚持将贫困残疾人作为群体攻坚的重点。已经脱贫的，攻坚期内要确保“脱贫不脱政策”；未脱贫的，要因户因人落实帮扶措施；新产生和返贫的，要及时纳入帮扶范围。二是加强贫困重度残疾人生活保障。对于符合条件的重度贫困残疾人，要落实最低生活保障等政策，建立“两项补贴”标准动态调整机制，加快发展集中或社会化托养照料，保障他们的基本生活。三是研究帮扶农村建档立卡贫困残疾人的长效机制。加快研究解决特殊困难残疾人家庭支持、贫困重性精神障碍患者医疗康复、精神和智力残疾人监护等问题，加强和改善农村残疾人服务，建立贫困残疾人帮扶的长效机制，织密筑牢残疾人民生保障安全网。

（二）千方百计促进残疾人就业

坚持走劳动福利型发展道路，既要增进残疾人福祉，又要促进残疾人就业创业，帮助残疾人过上更有尊严、更有意义的生活。一要继续扩大残疾人就业。目前，我国就业年龄段未就业的残疾人还有740多万，他们大部分都有就业意愿和能力。要努力推动残疾人实现更加充分更高质量的就业。创新残疾人按比例就业、稳定残疾人集中就业，积极发展支持性就业、辅助性就业、公益性岗位就业、灵活就业。扶持残疾人参与传统工艺振兴、非物质文化遗产传承等项目。运用"互联网+"拓宽残疾人就业渠道。二要加大对残疾人就业创业的政策扶持力度。调动企业安置残疾人就业的积极性。三要加强残疾人就业创业服务。全面推广政府购买残疾人就业服务，广泛开发适合残疾人的就业岗位，为有就业意愿的残疾人普遍提供职业培训和就业服务。加强残疾人劳动权益保护，努力消除对残疾人的就业歧视。

（三）推进残疾人基本公共服务均等化

加快落实重点服务项目，加强服务标准体系建设，在扩大服务供给的同时，推动残疾人服务更加专业有效、更加安全便利。一是推进实现残疾人"人人享有康复服务"目标。贯彻落实《国家残疾预防行动计划（2016—2020年）》，树立全社会、全人群、全生命周期的残疾预防观念，采取针对性措施，有效控制残疾的发生和发展。落实残疾儿童康复救助制度，确保残疾儿童在最佳康复期得到及时有效的康复服务。实施残疾人精准康复服务行动，实现残疾人基本康复服务覆盖目标。多渠道扩大医疗康复供给，推动康教融合，发展职业康复、社会康复和心理康复，为残疾人提供系统化、专业化的康复服务。加强基层康复机构与人才队伍建设，推进社区康复工作。完善康复保障政策，推动有条件的地区对残疾人基本型辅助器具配置给予补贴。加快辅助器具适配服务，为残疾人提供便利、安全、实用的辅助器具。二是帮助残疾人获得更加公平而有质量的教育。为家庭经济困难的残疾儿童、青少年提供包括义务教育、高中阶段教育在内的12年免费教育。“一人一案”解决适龄残疾儿童少年义务教育问题。加强残疾人高中阶段教育，加快发展残疾人职业教育，帮助完成义务教育且有意愿的残疾人接受适宜的中等职业教育。为残疾人接受高等教育提供合理便利，不断提高残疾人受教育水平。积极推行融合教育，进一步提高特殊教育质量。三是为残疾人提供丰富精神食粮。努力推动习近平新时代中国特色社会主义思想深入人心。深入挖掘残疾人事业先进典型和道德模范，大力弘扬社会主义核心价值观和人道主义精神。围绕改革开放40周年、新中国成立70周年等重要节点，精心策划宣传报道，营造良好的扶残助残社会环境。继续开展“共享芬芳”等残疾人文化品牌活动，继续开展全国残疾人文化周、“书香中国·阅读有我”等群众性文化活动，为残疾人提供优秀文化产品和服务。支持创作、出品、推广残疾人文学艺术精品力作，举办首届全国残疾人文化艺术博览会，推动残疾人文艺创作和文化产业繁荣兴盛。以2022年北京冬残奥会为契机，面向基层，针对残疾人机构和家庭提供更加丰富的康复健身体育服务，积极推进残疾人大众冰雪运动普及开展。四是加快无障碍环境建设。加大无障碍设施建设和改造力度。优先建设和改造与残疾人工作学习生活密切相关的公共服务设施、公共交通工具、信息通讯和家居环境等，开展无障碍环境市县村镇创建工作，使广大残疾人能够更好走出家门、融入社会。

（四）完善残疾人事业政策法规体系

推动《残疾人保障法》《残疾人就业条例》的修订和残疾人社会保障条例的制定，进一步完善残疾人事业法规政策体系。促进《残疾人保障法》等法律法规的实施，提高全社会依法维护残疾人平等权利的意识，提高残疾人事业法治化水平。做好残疾人普法宣传、法律服务和法律援助工作，切实保障残疾人政治、经济、社会、文化等方面的平等权利。

（五）发挥社会力量和市场机制作用

加大政府购买助残服务力度，大力扶持社会组织和市场主体参与残疾人服务，推动辅助器具、康复护理、托养照料等残疾人服务产业发展，满足残疾人多元化、多层次的需要。加强残疾人服务的行业管理和绩效考评。继续培育“集善工程”等残疾人慈善事业品牌，创新发展残疾人慈善事业。广泛开展“志愿助残阳光行动”邻里守望”等群众性助残活动，鼓励更多人加入到扶残助残行列中来。发展残疾人社会工作，充分发挥社区、家庭、邻里和社会组织的作用，建立残疾人社会支持体系。

（六）改善残疾人事业基础保障条件

加强残疾人就业、社会保障等方面的政策法规建设，加快建立残疾人服务的标准体系。鼓励吸引社会力量和民间资本投入，建立多元化的投入机制。继续推动残疾人康复、托养及综合服务设施建设。建设高起点、高水平、国际化的中国康复大学，加快康复等专业人才培养和基础学科建设。加强出生缺陷预防、辅助器具等关键技术攻关，促进科技新产品、新方法与助残服务的有机融合。利用大数据和互联网提高为残疾人服务的效能。提升基层残疾人服务能力，建立县、乡、村三级联动互补的残疾人服务网络，依托乡镇（街道）、城乡社区公共服务设施普遍建立“残疾人之家”等基层服务设施，开展残疾人社区康复、托养照料、辅助性就业等服务。

（七）加强和改善农村残疾人服务，统筹城乡区域残疾人事业发展

结合落实《国家乡村振兴战略规划（2018—2022 年）》，促进优质残疾人公共服务资源向农村倾斜，加强农村残疾人健康、康复、托养照料、辅助性就业等服务。加大对中西部地区、边疆、民族地区残疾人事业支持力度，加强东西协作。

吉林省
“十三五”加快残疾人小康进程规划纲要
实施情况评估报告

“十三五”以来，吉林省以习近平新时代中国特色社会主义思想和残疾人事业重要批示指示精神为指导，以“全面建成小康社会，残疾人一个也不能少”为主线，从满足残疾人美好生活需要出发，扎实推进《吉林省“十三五”加快残疾人小康进程规划纲要》（以下简称“《纲要》”）落实，努力提升残疾人获得感、公平感、安全感和幸福感，在残疾人基本民生保障、残疾人基本公共服务供给、残疾人自我发展能力、残疾人平等参与社会生活等方面取得显著成效。

一、《纲要》实施进展和取得的成效

在国务院残工委和中国残联的指导下，在省委省政府的重视支持下，在各地区、各部门的共同努力下，《纲要》各项任务指标圆满完成，残疾人事业顶层设计和制度建设取得重大突破，残疾人民生保障和权益维护取得显著成效，残疾人与全省人民一道共建共享全面小康，为下一个五年实现残疾人事业高质量发展打下坚实基础。

目前，《纲要》涉及加快残疾人小康进程的10项主要指标均已达标，见表3－1－1。其中困难残疾人生活补贴目标人群覆盖率、重度残疾人护理补贴目标人群覆盖率残疾人基本康复服务覆盖率等指标提前实现“十三五”终期目标。

表3-1-1 《吉林省"十三五"加快残疾人小康进程规划纲要》主要指标完成情况

主要指标	规划目标	实现情况
1. 残疾人家庭人均可支配收入年均增速	>6.5%	>6.5%
2. 困难残疾人生活补贴目标人群覆盖率	>95%	>95%
3. 重度残疾人护理补贴目标人群覆盖率	>95%	>95%
4. 残疾人城乡居民基本养老保险参保率	90%	>90%
5. 残疾人城乡居民基本医疗保险参保率	95%	>95%
6. 农村建档立卡贫困残疾人脱贫率	100%	100%
7. 农村贫困残疾人家庭存量危房改造率	100%	100%
8. 残疾人基本康复服务覆盖率	80%	>80%
9. 残疾人辅助器具适配率	80%	>80%
10. 残疾儿童少年接受义务教育比例	95%	95%

《规划》中残疾人民生保障、残疾人就业创业、残疾人基本公共服务、残疾人权益维护、残疾人平等参与社会生活等方面的各项重点任务得到扎实推进，取得以下显著成效：

（一）残疾人基本民生得到兜底保障

吉林省将兜底保障残疾人基本民生作为残疾人事业发展的出发点和落脚点，以困难残疾人和重度残疾人为重点，积极推动残疾人基本福利、社会救助、社会保险等方面工作，坚决打赢残疾人脱贫攻坚战，稳步提升残疾人基本民生保障水平。

1. 残疾人社会福利实现突破

省政府印发《关于建立困难残疾人生活补贴和重度残疾人护理补贴制度的实施意见》，省民政厅、省财政厅、省残联印发《吉林省困难残疾人生活补贴和重度残疾人护理补贴制度实施细则》，从2016年1月起实现制度全省全覆盖，正在享受困难残疾人生活补贴和重度残疾人护理补贴人数分别达到28.98万人和32.13万人。落实残疾人机动轮椅车补贴，累计为52325名残疾人发放补贴1360.45万元。加快发展残疾人托养照料服务，通过“阳光家园计划”为3.36万人次残疾人提供托养服务，部分市、县建立了托养或照护服务补贴制度，开展了电子保姆、特色培训等服务。省民政厅、省财政厅、省卫生健康卫、省扶贫办、省残联印发《关于做好贫困重度残疾人照护服务工作的指导意见》，部分市、县制定了实施意见，多层次、多元化的照护服务制度在吉林省初步建立。

省政府出台《关于建立残疾儿童康复救助制度的实施意见》，取消了受助残疾儿童必须为贫困的限制，救助项目由5项增加至14项，其中5项提高了救助标准，3项救助年龄由0—6岁调整为0—16岁，1项由一次性救助调整为6岁以内连续救助，实现对残疾儿童应救尽救的制度性保障。在长春市二道区、靖宇县、公主岭市探索建立残疾人辅助器具补贴制度，出台了《试点地区残疾人辅助器具适配补贴指导目录》。长春建立贫困重性精神障碍患者服药、住院补贴制度并提高补贴标准。

省残联、省通信管理局印发《关于支持视力、听力、言语残疾人信息消费的实施办法》，给予视力、听力、言语残疾人，在通话语音、手机上网流量、有线宽带等方面给予不低于普通用户50%的资费优惠。省残联与联通公司合作开发“同梦、同行、同心”智慧助残三同卡，降低残疾人的通信资费，截至2020年底，累计为残疾人节省通信费1300余万元。

2. 残疾人社会救助水平不断提高

省残联、省民政厅、省扶贫办等8部门出台《关于加强残疾人社会救助工作的实施意见》，将符合条件的贫困残疾人纳入社会救助范围。建立了包含残疾人在内的社会救助家庭经济状况核对机制，实现残联、民政低保残疾人人口数据等信息实时共享。目前，全省共有30.04万名残疾人纳入低保，重残、一户多残、老残一体等特殊困难残疾人纳入分类施保，37968名特困残疾人纳入得到特困供养。比照低保对象，落实低收入残疾人家庭生活用电、水、气、暖和通信、有线电视等基本生活支出费用优惠政策。优先保障残疾人基本住房，对符合住房保障条件的城镇残疾人家庭给予优先轮候、优先选房等政策，对配租公共租赁住房的残疾人在楼层、户型选择等方面落实《吉林省残疾人保障条例》中有关优惠规定。

3. 残疾人社会保险参保率稳步提升

落实残疾人社会保险个人缴费资助政策，至2020年10月，全省共有75.4万残疾人参加基本养老保险，78.2万残疾人参加基本医疗保险，参保率分别达到95.7%、96.8%，18.3万名重度残疾人享受了政府代缴政策。29项康复医疗项目纳入基本医疗保险报销范围。长春市、白山市为残疾人购买意外伤害保险，每人年保费额度分别为50元、30元，吉林市为农村建档立卡贫困残疾人购买重大疾病保险，残疾人可以享受最高5万元的80种重大疾病保险，防止残疾人因意外伤害和重大疾病致贫、返贫。

4. 残疾人疫情防控保障服务有力推进

扎实做好疫情防控常态化下的残疾人基本民生保障工作，转发了《中国残联办公厅关于集中开展疫情影响下特殊困难残疾人家庭走访探视专项行动的通知》，组织各地深入残疾人家庭开展走访探视工作，积极动员社会助残组织为残疾人捐赠药品、防护用品和食品，帮助残疾人解决实际困难。省级各专门协会组织和指导各类别残疾人进一步做好疫情防控工作，结合各类残疾人身体条件和心理需求，通过上门指导、网络课堂、免费邮寄药品等各种方式为残疾人提供服务。坚持抓好信息发布和舆情引导，充分利用省残联“两微一站”新媒体平台，开通了疫情防控、复工复产、脱贫攻坚、精准康复等多个专题专栏并保持每日发布更新，帮助基层残疾人和残疾人工作者及时掌握疫情防控和复工复产信息。疫情得到有效控制后，省残联按照全省统筹推进新冠肺炎疫情防控和经济社会发展，落实省委省政府“三抓”“三早”行动要求，尽快恢复面向残疾人的各项服务，统筹兼顾疫情防控和全省残疾人事业发展。印发了《关于在常态化疫情防控中做好残疾人信访工作的通知》，引导残疾人通过网上投诉、来信和12385 残疾人服务热线等无接触信访渠道反映问题诉求。

（二）残疾人脱贫攻坚取得决定性胜利

吉林省积极推进残疾人脱贫攻坚融入大局，深入实施康复扶贫、家改扶贫、产业扶持、助盲脱贫、电商扶贫及“宁波－延边”东西部扶贫合作等措施，97549 名农村建档立卡贫困残疾人全部如期脱贫。省残联和省扶贫办等 31 个部门联合印发了《吉林省贫困残疾人脱贫攻坚实施方案（2016—2020 年）》等配套实施方案，通过不断完善残疾人脱贫攻坚的各项政策措施，精准谋划、精准施策，有关部门形成合力，扎扎实实推进残疾人脱贫攻坚工作。吉林省深入实施康复服务、家庭无障碍改造、产业扶持、助盲脱贫、电商扶贫及“宁波－延边”东西部扶贫合作等措施，坚持一户一策、分类帮扶，探索符合省情的扶贫道路。累计为100 万人次残疾人提供康复服务，其中有康复服务需求的建档立卡贫困残疾人的基本康复服务率达到 100%；为 27750 户贫困残疾人家庭进行了无障碍改造，有家庭无障碍改造需求的贫困重度残疾人家庭实现全覆盖；为 8500 户残疾人家庭实施危房改造，为 3.5 万人次贫困残疾人提供实用技术培训，帮助 3.7 万户贫困残疾人家庭发展生产，基本实现对具备产业扶持条件和需求的残疾人实现全覆盖，全省累计发展各级残疾人扶贫基地 209 个，安置和辐射带动 7000 余名农村贫困残疾人发展生产，等等。积极培育和宣传了张运波、高秀虎、于洪波、杨文军等一批残疾人脱贫和带动残疾人脱贫的典型。在省扶贫办和省委组织部进行的 2019 年度中省直部门脱贫攻坚成效考核中，省残联被评为优秀等次，省残联教育就业部、维权部先后在 2019 年和 2020 年获得年度脱贫攻坚创新奖。长春市九台区善满家园扶贫模式入选中国残联出版的《破解因残致贫的中国方案——残疾人扶贫典型案例》。

（三）残疾人就业状况总体稳定

吉林省全面贯彻就业优先战略，以提高残疾人自我发展能力为核心，依法推进按比例就业、稳定发展集中就业、大力扶持创业就业，积极探索“互联网+就业创业”模式，帮助残疾人优秀产品与市场对接，大力促进残疾人就业创业和生产增收。不断完善发展残疾人辅助性就业、残疾人就业保障金征收使用管理、扶持残疾人自主就业、支持残疾人就业创业基地建设、促进残疾人大学生就业创业、超比例安排残疾人就业单位奖励等多项政策措施，残疾人就业扶持保护政策更加完备。稳步推进按比例就业和集中就业，省社保局、省地税局带头定向招录残疾人公务员，按比例安排残疾人就业公示制度全面落实。全面落实对小微企业减免残疾人就业保障金相关制度。坚持以提高残疾人自我发展能力为核心，深入开展残疾人精准就业服务工程和就业援助月活动，建设省、市、县级残疾人职业培训基地77个，残疾人创业孵化基地28个，辅助性就业机构56个，文化创意产业基地建设项目50个。成功举办了第6届全省残疾人职业技能竞赛，在全国第6届残疾人职业技能竞赛中取得全国第六名好成绩。借助东北亚博览会平台，连续举办5届全省残疾人优秀作用展示展销活动，并将参展对象拓展到北京、辽、黑以及内蒙古等省、市。“互联网+就业创业”模式取得良好成效，在全国率先建设全省残疾人就业创业网络孵化平台，互联网+残疾人就业创业迅速发展，吉林省网络创业孵化工作被纳入中国残联出版的《破解因残致贫的中国方案——残疾人扶贫典型案例》。积极推动残疾人就业服务平台建设工作，在全国残联系统率先实现按比例就业网上审核。累计投入近5亿元开展就业培训和就业创业扶持，共培训残疾人13.77万人次，新增城镇残疾人就业3.8万人次。

（四）残疾人基本公共服务水平显著提升

吉林省建立了政府主导、社会参与、多元投入、多方合作的基本公共服务机制，推进基本公共服务的公平享有，同时积极满足残疾人多层次、多样化需求。

1. 残疾预防不断强化

出台《吉林省残疾预防行动计划（2017—2020年）》，初步形成政府、单位、个人各负其责、协调联动的防控体系。普遍开展婚前、孕前健康检查、新生儿及儿童筛查和干预，有效降低出生缺陷和发育障碍致残率。着力防控疾病致残，加强对严重遗传性疾病、指定传染病、严重精神障碍的检查并提出医学意见。加强残疾预防宣传教育，努力减少伤害致残，利用残疾预防日、爱耳日、爱眼日、助残日、防灾减灾日、精神卫生日等宣传节点，开展残疾预防宣传教育系列活动，邀请相关专家参加在线访谈直播节目，针对性残疾高发地区、领域及妇女儿童、青少年、老年人、高风险职业从业者等重点群体，做好残疾预防和残疾人康复相关知识的宣传。在吉林船营区、珲春市、安图县开展全国残疾预防综合试验区创建试点，残疾预防组织管理体系、工作机制进一步健全，为全省残疾预防工作提供了经验。

2. 基本康复服务需求得到更好保障

实施残疾人精准康复服务行动、福康工程、精神障碍社区康复服务试点等残疾人康复服务项目，省残联、省卫生健康委、省扶贫办、省人社厅、省教育厅印发《吉林省残疾人精准康复服务行动实施方案》，并建立国家级试点单位3个、省级示范县13个，各级精准康复服务行动工作领导小组、专家技术指导组精准康复服务小组实现全覆盖，通过残联自建、公建民营、民办公助、合作共建等形式，全省各级各类残疾人康复服务机构增至665个，省、市、县级残疾人康复（服务）中心、乡镇（街道）残疾人康复站基本达到全覆盖。省残联、省卫生健康委、省中医药管理局印发

《残疾人家庭医生签约服务工作实施方案》《关于进一步加强基层残疾人康复服务工作的意见》，为残疾人设立家庭医生签约服务包并给予补贴，全省依托专业康复机构、精准康复服务小组、家庭医生团队开展个性化服务，2016 年为残疾人提供康复服务 286，662 人（次），从 2017 年至 2020 年的基本康复服务率从 69. 29% 提升至 96%，服务满意率达到 90% 以上。长春市康复服务进家庭项目、吉林市康复机构信息发布工作、东丰县残疾人家庭医生补贴服务等模式在全国得到推广。

落实残疾儿童康复救助制度。2018 年省政府出台了《吉林省人民政府关于建立残疾儿童康复救助制度的实施意见》，省残联、省卫健委、省财政厅等七个部门制定了《吉林省残疾儿童康复救助实施细则（试行）》，确定各类残疾儿童康复服务标准，推动形成“精准到人、精准到年龄段”的清单式管理模式。加强残疾儿童定点康复机构的评定评估，定点康复机构增至 69 家，长春市以外市、县级机构逐步增多，资源分布更加合理。各级财政切实保障残疾儿童康复救助经费，累计救助残疾儿童 1. 2 万余人次，基本达到应救尽救。

加强残疾人辅助器具适配服务，组织实施全省残疾人假肢装配项目（大小腿）、装饰型假肢及特殊假肢适配项目、肢体残疾矫治手术（矫形器）、互助关爱助残工程前臂机电假肢适配、“助听扶贫”“国、省级贫困县残疾人居家康复器材和辅助器具项目”以及吉林省残疾大学生辅助器具适配助学行动，满足各类残疾人个性化辅助器具需求。省民政厅、省发展改革委、省财政厅（局）、省残联开展全省残疾人辅助器具租赁试点，结合残疾人辅助器具适配补贴制度建设试点，共同探索建立多层次、多元化的辅助器具适配服务保障体系，取得良好成效。

3. 残疾人受教育权得到充分保障

特殊教育事业持续健康发展，制定并落实《第二期特殊教育提升计划（2017—2020 年）》，在巩固一期成果的基础上进一步提升了吉林省特殊教育学校的教育规模、办学条件、办学层次与教育质量，使残疾儿童的受教育水平整体得到显著提升。采取送教上门、成立家长陪读班等形式，满足残疾儿童受教育和集体生活的意愿，目前全省共有特教学校 49 个，在校残疾学生 5295 人，特殊教育班（部）5 个，送教上门 1097 人。全省适龄残疾儿童入学率达到 95% 以上。支持长春大学特殊教育学院和吉林省残疾人中等职业学校发展，残疾人高等教育和职业教育办学规模不断扩大。建立起以国家资助为主体，地方政府资助、学校资助、社会资助为补充的残疾学生资助政策体系，通过实施彩金助学项目、交行助学项目和扶残助学金政策，实现了残疾儿童教育助学补贴从学前教育到高等教育的全覆盖，“十三五”期间累计资助 1067 名残疾儿童接受学前教育、9962 名残疾学生和贫困残疾人家庭子女接受中高等学历教育。认真落实《吉林省推广国家通用手语实施方案》《吉林省推广国家通用盲文实施方案》，充分调动社会力量发展手语、盲文社会服务机构，积极发挥助残志愿服务组织作用，开展多样式的群众性普及推广活动。

4. 残疾人文化体育生活不断丰富

残疾人公共体育服务体系建设成效初显，吉林省以“残疾人自强健身工程”为主线，大力推动残疾人体育基本服务体系建设，“十三五”期间，共建成 21 个国家级残疾人体育健身示范点，141 个残疾人体育“自强健身活动示范点”，培养社会体育指导员 2500 人次。吉林省积极实施《残疾人康复体育关爱家庭计划》，为全省 2 万户重度肢体残疾人家庭发放康复体育健身器材。5 年间，以“残疾人健身周”“特奥日”“残疾人冰雪季”等重大活动节点为契机，开展丰富多彩的残疾人群众性体育活动。残疾人参与文化体育活动的积极性显著提升，至 2020 年残疾人文体活动参与率提升到 20.14%。在残疾人体育赛事方面成功举办全省第二届、第三届残疾人运动会。组织残疾人运动员参加全国第十届残运会暨第七届特奥会，在全国第十届残运会上取得了 10 枚金牌、13 枚银牌、16 枚铜牌的优异成绩，获得了体育道德风尚奖，实现了竞技体育成绩和精神文明双丰收，为吉林争得了荣誉。参赛项目和运动员人数均创历届之最，奖牌总数创历届最高。

5. 无障碍环境建设成效显著，残疾人日常生活更加便利

积极组织实施贫困残疾人家庭实施无障碍改造项目，五年累计投入资金8630.4万元，项目累计惠及残疾人家庭27750户。严格执行《无障碍设计规范》，对政府办公、教育、医疗康复建筑等重点公共服务建筑进行无障碍通道、无障碍电梯、无障碍卫生间建设。对全省各市（州）新建、改建、扩建道路同步进行无障碍规划，“十三五”期间，全省县级以上城市累计铺设盲道2300多公里，建设坡道18400余处，坡化改造率达到60%以上。轨道交通、民用机场、铁路旅客车站、汽车站等公共交通设施的无障碍改造工作持续推进，吉林省结合“城市畅通”工程，在城市公共汽车、电车等公共交通工具上安装了语音报站装置，候车区增设了行进盲道和提示盲道。全省9个市（州）电视台均开办了手语节目，非直播节目和影视作品均加配字幕。推进各级政府办公机构和医院、银行、商场等公共服务场所增设信息滚动电子屏幕等无障碍信息浏览设施。

（五）残疾人事业法规政策体系建设加快推进，残疾人平等权利得到更好保障

1. 进一步完善残疾人事业法规政策体系

做好国家关于残疾预防、残疾人康复和残疾人就业等有关法规的贯彻实施工作，结合吉林实际，省级出台残疾人康复、教育、劳动就业、社会保障、扶贫、无障碍等方面的惠残政策30余项，并指导各地制定本地残疾人优惠政策，形成比较健全和完善的政策法规体系。各级人大、政协和残联组织密切配合，围绕残疾人事业法律法规的实施，普遍开展人大执法检查和政协视察。拓宽残疾人和残疾人组织民主参与渠道，鼓励和支持更多残疾人广泛参与国家民主政治与生活，有效发挥残疾人、残疾人亲友和残疾人工作者人大代表、政协委员在国家政治生活中的重要作用。

2. 持续加大残疾人权益保护法律法规的宣传力度

广泛开展普法宣传活动。各地制定“七五”普法规划，将涉及残疾预

防、残疾人康复和残疾人就业的法律法规纳入残工委成员单位的法治学习内容，采取多种形式开展残疾人事业法治宣传和残疾人法治教育，在残疾人重要节日期间开展残疾人事业法治宣传和残疾人法治教育活动，不断增强全社会依法维护残疾人权益的意识，做到让残疾人知法、懂法、用法，维护自身合法权益。

3. 不断创新残疾人法律援助和法律服务形式

响应最高人民法院、司法部和中国残联的要求，吉林省在《进一步加强吉林省残疾人法律救助工作的意见》基础上，全面加强残疾人法律救助工作站规范化建设，充分发挥各级残疾人法律救助工作站作用，为残疾人提供免费咨询、免费代理等服务，加大对侵害残疾人合法权益案件的查处力度，切实维护和保障残疾人的合法权益。各地普遍开通了"12385"残疾人服务热线，部分地区成立网络信访平台，加强残疾人信访工作，听取残疾人意见，协助解决残疾人的困难和问题。各级残联还采取聘请律师作为法律顾问等方式，帮助残疾人申办法律援助、司法救助等法律事项，进一步拓宽了残疾人法律救助工作体系和网络，残疾人合法权益得到更好的维护和保障。

（六）社会力量和市场主体作用得到发挥，凝聚加快残疾人小康合力

"十三五"以来，吉林省在残疾人基本公共服务供给领域积极探索建立多方合作机制，吸引了越来越多的社会力量和市场主体参与残疾人事业，成为残疾人服务的重要力量。

1. 慈善活动和助残志愿服务广泛开展

发挥慈善总会和红十字会紧急救援、扶贫济困、安老助孤、医疗救助等作用，将托养机构建设和托养人员救助纳入慈善总会和"红十字会"工作计划，充分利用社会资源解决托养机构发展中遇到的实际困难。加大对助残社会组织的引导和培育支持力度，全省共建立助残社会组织孵化基地

16个，培育助残社会组织58个。省残疾人福利基金会开展公益活动10余场，落实公益项目30余个，累计募集资金、物资及服务总价值2000余万元，在疫情防控中也发挥了扶残助残的重要作用。

2. 积极推进政府购买残疾人服务，残疾人服务业加快发展

以残疾人基本公共服务作为政策购买服务的重点领域，采用“政府主导、社会参与、共建共赢”的模式，深入开展了残疾儿童康复、社区康复、托养服务、职业培训等残疾人基本公共服务类购买项目，引导社会组织和市场组织积极参与。制定服务标准，成立省残疾人康复协会等行业协会，建立了事前评审准入、事中检查监管、事后质量评估及退出、信用惩戒等相应监管机制，强化对政府购买残疾人服务的质量监控和绩效考评。积极促进助残社会组织发展，为民办机构提供培训和设备支持等，增强社会组织平等参与承接政府购买公共服务的能力，有序引导社会组织为残疾人提供多样化、个性化、专业化服务。

3. 大力宣传残疾人事业发展成就，强化残疾人意识形态工作

紧紧围绕党中央和省委、省政府的重大决策部署和残疾人重点工作，着力打造全方位的残疾人事业宣传平台，不断扩大事业影响。依托“全国助残日”“国际残疾人日”以及重要节日等时间节点，大力宣传吉林残疾人事业发展成就、典型事迹和扶残惠残政策。将残疾人事业各年度宣传重点纳入全省宣传大局，在《吉林日报》开辟残疾人事业专版，在省电台新闻综合广播频道、旅游频道开办《白山松水追梦人》专栏，在“守望都市”栏目专题播报我省残疾人事业发展信息并加配手语，围绕精准扶贫、脱贫攻坚工作开展残疾人“决战脱贫同奔小康”微视频征集活动，会同省电视台制作了4部脱贫攻坚短视频。多次组织中央、省直媒体开展“记者走基层”活动，人民日报、新华社、央视新闻、朝闻天下、吉林日报、吉林广播电视台等中省直新闻媒体对我省残疾人工作进行了多次报道。2019年初，省残联印发《“学听跟”专项活动实施方案》，在全省范围内启动开展“学习习近平新时代中国特色社会主义思想和习近平总书记关于残疾人事业的重要论述，团结带领广大残疾人听党话、跟党走"专项活动。积极利用新媒体宣传工具，在省残联网站、微信政务公众号开通了多个专栏专区，先后在抖音、快手上注册了命名为"吉兴"的"吉林残联"政务号，并及时指导各地残联适时开通微信、抖音、快手新媒体政务平台，快速形成残联系统新媒体宣传矩阵，为推动全省残疾人事业高质量发展营造了良好的社会氛围。截至目前省残联快手政务号粉丝已达到114万，"吉善—助残吉林"快手政务号粉丝308万，紧密地把残疾人朋友团结凝聚在党的周围。

（七）基础保障条件建设得到加强，为残疾人事业发展提供支撑

"十三五"以来，吉林省残疾人事业财政投入、基础设施建设、信息化等基础保障条件不断改善，为残疾人事业加快发展提供了动力。

1. 残疾人事业领导体制和工作机制更加完善

坚持党对残疾人工作的领导，不断强化党委领导、政府负责、社会参与、残联组织充分发挥作用的残疾人工作体制。各级政府将加快残疾人事业发展、加快推进残疾人小康纳入全面建成小康社会大局和重要议事日程，全省各市州和96%的县（市、区）将残疾人康复、培训、就业、无障碍建设等重点工作列入政府民生实事重点督办，有力推进事业发展。各级政府残工委不断完善工作规则、加强统筹协调，各部门、单位进一步明确责任，形成齐抓共管、各负其责、密切配合的工作局面。

2. 切实加大残疾人事业经费投入和管理力度

2016年以来，累计争取中央残疾人事业补助经费4.13亿元，落实省级残疾人事业补助经费7.97亿元，较"十二五"有较大增长。按照支出责任合理安排所需经费，重点向脱贫攻坚和民生保障领域、困难残疾人群体和农村倾斜，促进残疾人事业均衡发展。重视项目资金绩效目标管理，规范开展政府采购工作，切实加大全省残疾人事业专项资金监管力度，省残联会同第三方共同开展了资金检查，实现资金检查市县全覆盖。

3. 加强残疾人基础设施建设和管理

“十三五”以来，全省新增6个市县中央预算内投资补助残疾人托养和康复服务设施建设项目，公建民营托养、康复机构的基础设施由政府出资建设，运营资金采取“政府投入一部分、残疾人承担一部分、社会捐助一部分”的方式解决。同时省本级加大资金投入连续多年开展残疾人康复机构和托养机构的基建、规范化改造、设备支持项目，并结合脱贫攻坚任务开展了全省贫困村残疾人康复室建设项目，重点对县级以下残疾人服务设施给予倾斜了支持，建立健全了县级残疾人基本公共服务平台，极大地增强了基层综合服务能力。依托省听力语言康复中心建立省残疾儿童康复中心，吉林省残疾人中等职业学校基础设施无障碍改造全面完成，新建综合实训楼竣工投入使用。

4. 加强残疾人信息化建设

依托残疾人人口数据库、残疾人基本服务状况和需求信息数据动态更新等建立残疾人大数据，结合“只跑一次”改革和数字吉林建设建立多部门社会基础数据定期比对和共享制度。在多源数据整合的基础上，结合业务决策和公共服务需求，开展残疾人人口基础信息、服务状况与需求信息、业务工作统计等数据的综合比较分析和残疾人事业发展理论研究，为科学管理与决策提供支持。开展信息化平台建设，推动“大数据 + 助残服务”“互联网 + 助残服务”服务模式，建成吉林省全省残疾人综合信息服务系统和智慧残联钉钉平台，并在其中叠加了信息调查、统计分析、线上培训、政策宣传、助残服务等多种惠残便民功能，极大提升残疾人事务治理能力。

5. 充分发挥残疾人组织作用

吉林省落实中央党的群团工作会议精神，落实中国残联改革方案，以全面实施改革促进事业发展。在全国率先启动残联“走转改”专项改革、“学听跟”专项活动以及基层残疾人代表“邀访·倾听”等活动，不断释放群团工作活力，努力去除机关化、行政化、贵族化、娱乐化倾向，进一步增强了残联组织的政治性、先进性、群众性。省残联改革任务全面完成，县级以上残联改革方案全部印发，残疾人工作者队伍稳中有升，市、县两级残联组织全口径增加各类编制103名、内设机构19个，挂、兼职干部比例增至15%左右，基层残疾人组织实现全覆盖。部分地区残联通过增加编制、整合资源，新建涵盖康复服务、就业指导、法律维权、文体娱乐、托养照护等服务内容的市县级"残疾人综合保障中心"29个，覆盖我省一半县市区，形成了横向到边、纵向到底的基层残联组织网络，积极选优配强各类别残疾人专门协会班子成员，协会工作更加规范活跃，有效提高了为残疾人服务的能力和水平。

二、当前存在的主要困难和问题

（一）发展的不平衡不充分问题依然存在

残疾人日益增长的美好生活需要与发展不平衡不充分的矛盾依然存在。城乡之间和区域之间仍旧存在差距，福利待遇差距大。一是农村残疾人公共服务机构和服务设施建设落后于城市。二是经济基础较好的地区如长春市、吉林市、延边州，残疾人工作和残疾人事业发展水平明显高一层次；其他一些地区尤其是县级以下地区，受到经济条件的限制，残疾人的养老、医疗、教育等基本社会保障标准相对偏低，部分经济比较薄弱的县、区残疾人服务设施基础较差，有些救助政策的落实还不够到位。

（二）供给与需求的不匹配问题依然存在

"十三五"以来，吉林省基本实现各县（市、区）建成1所以上残疾人康复服务中心，但从投入的使用情况来看，还存在的利用不充分和服务不足的情况。一是新建的康复中心，硬件配套已经基本到位，但运营模式、经营主体尚不明确。部分新建的康复中心由于迟迟不能实现招商而处于闲置状态；部分新建的康复中心与原有的康复机构服务内容同质化严重，缺乏可服务对象。一面是新建的康复中心闲置，另一面是部分民营的康复机构，由于业务扩张缺乏办公地点，两者并没有实现互补，存在服务供给与市场需求的不匹配。二是残疾人托养需求与供给紧张。护工缺乏、经费匮乏、责任大、难度大、风险高，造成残疾人托养服务发展维持在低水平运营。

（三）政府与市场的关系还需进一步理顺

目前吉林省残疾人事业的发展，仍旧主要依靠政府。虽然在残联在购买服务上有所尝试和创新，但市场的参与程度、创新程度依旧不足。一是现有的残疾人康复、教育等项目，依旧需要依靠政府扶持运营，或者是依靠慈善、公益、爱心运营，自主盈利能力有限。二是政府依旧处对残疾人服务市场发展和扶持十分有限。除政府购买外，很少有其他的激励和补贴政策。

（四）部门间工作的融合仍需进一步推进

残疾人事业发展，需要残联、民政、教育、卫生、人社等多部门合作。这就涉及各部门间工作对接、政策衔接、发展方向的统合。目前，一是人员精准识别和统计数据的共享、交换和查询机制没有实现实时交换，不仅造成工作的重复和延迟，也增加的工作人员的任务量。二是残疾人精准服务是一项复杂的工作，不仅需要卫生部门对残疾人的情况进行评估，还需要人社、民政部门认定相关福利享受情况。因此，在残疾人服务工作下沉到基层的过程中，需要统合卫健、民政、人社和残联等相关工作同步推进，但在实际工作中，由于工作人员的缺乏，工作协调制度的不够完善，难以实现有效的合作和无缝隙的衔接。

（五）残疾人就业面临的形势比较复杂

残疾人就业机会不平等、就业层次低、收入低、稳定性差的问题仍然存在。按比例安排残疾人就业的规定得不到充分落实。就业扶持政策效用不强，大部分企业并不愿意承担雇佣残疾人地风险。残疾人自身条件和岗位适应能力有限，能够胜任的岗位不多，个人提升空间有限。残疾人自主创业和参与就业的意愿不够强。大部分残疾人满足于目前生活状况，依靠福利政策生活。如何将现有福利政策与就业、创业政策统合，提高残疾人参与社会的积极性，需要进一步思考。残疾人手工产品面临创新瓶颈，亟待升级换代。传统的手工艺产品发展的市场空间有限，依靠残疾人网络带货的范围和空间有限，可持续性差。新兴的产业残疾人参与程度差，使得残疾人就业长期在低端产业、低水平徘徊。

三、"十四五"残疾人事业发展的对策建议

"十四五"时期的残疾人事业发展整体处在一个承前启后的历史节点之上，既有机遇，更有挑战。吉林省需要坚决贯彻习近平新时代中国特色社会主义思想，在巩固残疾人高水平全面小康基础上，深入谋划，积极作为，同步开启残疾人事业现代化新征程，实现吉林省广大残疾人在现代化道路上"一个不少"，与全省人民一道共建共享现代化美好未来。

（一）总体思路

"十三五"期间，残疾人事业发展已经实现基本小康社会和全面脱贫。"十四五"期间，吉林省残疾人事业的发展应坚持三个原则、处理好两个关系，完成一个深化，实现残疾人事业向更高质量、更高水平上发展。

1. 坚持三个原则

一是坚持循序渐进原则，以创新引领残疾人事业发展，继续补短板、补不足。十四五期间应当坚持稳中求进，在巩固和发展现有成绩的基础上，查找十三五发展中的不足和短板。在完成既定工作要求的同时，要强化创新，包括管理创新、制度创新、技术创新，同步融入社会主义现代化

进程。二是坚持保基本的原则，既要避免不合区情的盲目扩张，又要积极提标达到全国平均水平。目前吉林省残疾人的两项补贴水平处于全国中下水平，残疾人生活保障水平要努力与地方经济社会水平发展相适应，提标扩围，对标全国平均水平，适度增强保障力度。三是坚持共建共享的原则，协作共进。加强残联与教育、医疗卫生、人社、民政等部门之间联系与深度融合，努力建立适应残疾人高质量发展要求的新的工作格局。

2. 处理好两个关系

一是正确处理政府和市场的关系。鼓励、激励市场自主发展。打通政府与市场的障碍，为市场发展创造条件，努力形成市场机制有效，微观主体有活力的服务体系。政府应积极引导残疾人服务市场化发展，出台适当的激励和补贴政策，促进残疾人事业和产业同步发展。二是正确处理好残疾人创业就业与政府救助的关系。继续推行积极的就业、创业政策。鼓励残疾人应就业尽就业，从发展的角度解决残疾人问题，而非单纯地依靠救济。充分保障残疾人平等参与、平等发展的权益。

3. 完成一个深化

针对新时代高质量发展要求和我省残疾人服务传统过剩与新型发展不足的矛盾，要进一步深化残疾人服务供给侧结构性改革，将残疾人事业发展的重点放在提升供给质量上来，显著增强残疾人事业发展的质量优势。

（二）具体建议

1. 完善残疾人民生保障制度建设，补齐公共服务短板

党的十九大报告提出保障和改善民生要抓住人民最关心，最直接最现实的利益问题。因此，在十四五期间，一是要在目前残疾人民生保障基础上，对标经济发达的地区先进经验，鼓励省内有条件的地区对低保、低收入残疾人生活用水、电、燃气给予一定补贴，同时适当提高“两项补贴”标准，推动建立补贴标准与当地收入和物价水平相挂钩的动态调整机制。二是结合我省残疾人康复需求实际，及时对现有医疗康复项目进行“提标扩面”“扩面”即将当前残疾人亟须的各类残疾人康复项目如自闭症、聋儿语训、残疾人辅助器具等项目逐步纳入城乡医保报销范围，“提标”即提高现有医疗康复项目的报销标准，推动将更多的残疾人康复项目纳入城乡医保报销范围。三是加强残疾人康复服务机构的建设和康复人才的培养。建立和完善残疾预防工作机制，分工落实残疾预防工作任务。贯彻落实国务院《关于加快发展康复辅助器具产业的若干意见》与吉林省《关于加快发展康复辅助器具产业的实施意见》，加快推进残疾人辅助器具适配方式改革试点，探索铺开辅助器具适配补贴制度。四是推进特殊教育向融合教育发展，加大对贫困残疾儿童少年接受学前教育和义务教育的补贴力度，根据不同残疾人需求开发电子化教材、课程资源，对重度残疾学生开展个别化学习支持服务试点。

2. 鼓励以多种形式助推残疾人高质量就业创业

就业是最大的民生。现有的残疾人按比例就业模式是一种庇护性就业模式，强调残疾人在竞争性劳动力市场的劣势地位，要求从政策和制度层面给予保护。这种模式取得了一定的成效，但是残疾人未能全面融入社会，也未能消除社会对残疾人就业的偏见。为此，应以提升就业质量、改善就业环境、促进社会融入为主要目标，逐步向竞争性就业模式转变。

一是完善残疾人就业服务体系。采取政府购买服务的方式发挥社会组织作用。通过政府购买服务的方式，引入专业化的社会组织和市场组织，为残疾人提供职业心理咨询、职业适应评估、职业康复训练、求职定向指导、职业介绍等服务。拓展就业服务内容。它主要包括：对残疾人进行职业评估并进行专业培训，提供持续的职业发展规划咨询，为残疾人提供法律咨询并维护残疾人合法权益，整合外部资源实施个性化服务等等。为残疾人就业单位提供切实有效地服务。它主要包括：向企业宣传残疾人就业政策，帮助企业培训残疾职工，改造企业工作环境，为企业提供法律咨询服务，等等。

二是大力提升残疾人人力资本。残疾人就业难的一个重要原因在于残疾人的人力资源开发不足，形成“低素质屏障效应”，使残疾人对职业的竞争力和对外部环境的适应力降低。因此，促进残疾人就业，需要从提升残疾人的人力资本入手，打破就业难的循环圈。提高残疾人的受教育水平。主要包括：普及义务教育，保障残疾人尤其是残疾儿童的受教育权；大力倡导残疾人随班就读，促进其实现社会融入；对于不符合随班就读的残疾人，应能够满足其进入特殊学校继续学习的需求，最大限度保证经费投入的延续性和稳定性。加强残疾人的技能培训。它主要包括：因地制宜提供有针对性的技能指导；提供免费或低收费的技能培训；做好培训跟踪与结果评估工作。开发残疾人人力资本优势。残疾人具有人力资本比较优势，实施平等竞争就业模式，需要有专业的机构对其人力资本优势进行评估、开发，并根据相关资源进行专业匹配。

三是严格执行对残疾人就业歧视的监察处罚。明确法律禁止对包括残疾人在内的群体的歧视行为，明令禁止在招聘、考核、录用等环节中对包括残疾人在内的歧视行为，细化残疾人就业中所遭遇的各种歧视行为（包括在职工、公务员的招用、聘用、录用、转正、晋级、职称评定、培训、劳动报酬、生活福利、社会保险，以及各类专业资格考试、就业服务、合伙、代理等各个与就业有关的方面），明确规定受歧视者的上诉权利，加大用人单位的举证责任；完善和细致的立法；等等。

3. 把握新的阶段性特征，将赋能作为残疾人事业发展的关键词

按照世界银行标准，“十四五”时期我国人均国民收入将接近或超过高收入经济体的门槛水平。随着经济发展阶段的跃升，社会主要矛盾持续深刻转化，老百姓的美好生活需要日益多层次、多样化，残疾人及其家庭的需求诉求也呈现出类似趋向。单靠政府兜底提供基本公共服务，已经无法满足残疾人需求，需要更多的社会主体来提供更加丰富的服务选项和差异化的美好生活解决方案。而对残联组织、助残社会组织和社会企业的赋能就必然成为十四五时期残疾人事业发展的必然要求和事业规划的重点方向。

建议吉林省各级残联组织要积极培育枢纽型助残社会组织，将残疾人专门协会、相关社会团体和基金会等打造成"排头兵"，将乡镇（街道）残联和村（社区）残协建设成为"基层阵地"。综合运用政府购买服务、公益性岗位、税收优惠、创业孵化、残保金等政策，发展助残社会组织和社会企业，建设助残社会工作机构和社会工作者队伍，广泛开展助残志愿服务和公益慈善活动。此外，要从治理现代化的要求出发，重视对残疾人及其家庭的赋能。在巩固残疾人脱贫攻坚成果的基础上，应将精准扶贫的适宜措施和方法论延伸应用至相对贫困的城乡残疾人家庭，赋予其发展能力。建议将就业促进作为残疾人及其家庭赋能的重要手段，畅通残疾人按比例就业、集中就业、自主创业、灵活就业、辅助性就业等渠道，开发适宜残疾人就业的新形态、新岗位，对残疾人亲属就业创业给予更有力的特惠政策，让残保金发挥出杠杆效应和乘数效应。

4. 积极拓宽助残宣传渠道，构建残疾人友好社会

围绕践行社会主义核心价值观，弘扬人道主义思想，在各个中小学、用人单位、公共文化服务中，大力宣传残疾人保障法和相关政策、工作举措，让社会各界知晓保障残疾人权益的相关规定，营造全社会理解、尊重、关心、帮助残疾人的浓厚氛围，使残疾人保障法更加深入人心，家喻户晓。同时，充分利用网络、电视、报刊、广播等新闻媒体，积极开办残疾人专栏及专题节目，加大对残疾人自立、自强、勤劳致富榜样等正面典型的宣传力度，大力宣传社会各界守望相助良好风尚，鼓励社团组织积极开展助残活动，推动社会文明进步。各级政府部门、残工委成员单位要积极开发适合残疾人就业岗位，带头安置残疾人就业。

5. 推动建立突发公共事件下残疾人保护长效机制

此次新冠肺炎疫情发生后，习近平总书记多次强调，要强化困难群众兜底保障，对因疫情在家隔离的孤寡老人、困难儿童、重病重残人员等群体，加强走访探视，提供必要帮助，防止发生冲击社会道德底线的事件。吉林省政府各部门、残联组织到社会组织，各个层面迅速行动，切实强化兜底保障，及时提供应急服务，广泛动员社会参与，积累了公共危机下应对特殊风险和解决特殊需求的有益经验，成为这次重大突发公共卫生事件中应急管理的重要案例，也为“十四五”时期加快建立突发公共事件之下的残疾人保护长效机制提供了一个新的启示。

一是完善疫情灾情残疾人应急救助预案。编制残疾人日常安全防护和疫情、地震、自然灾害、意外伤害等防护指南，规范和完善疫情灾情之下为残疾人提供突发信息预警、紧急联络呼叫、临时安置、生活救助、医疗救治、心理援助、无障碍支持、社会康复、生活重建、职业重建等连续闭环的应急救助方案，形成政府救助、社会互助和家庭自救相结合的应急救助体系。普及安全防护知识，开展日常应急演练，提高残疾人及其家庭自救意识和能力。

二是健全残疾人基本民生保障制度。加快完善残疾人社会保障各项基本制度，逐步提高残疾人“两项补贴”标准，研究设立面向老弱病残群体的应急救助和意外伤害保险。全面完善残疾人享有基本医疗保障、公共卫生服务的优惠政策和便利措施，关注重度残疾人医疗报销、心智障碍者卫生保健和农村残疾人大病慢病保障问题。统筹解决严重精神障碍患者监护管理、免费服药、医疗救治、社区康复，构建全覆盖、有质量的精神卫生服务体系。对于生活不能自理的残疾人，加快建立居家安养、社区照料和机构托养紧密衔接的基本照护服务体系。针对以老养残、一户多残、重度残疾、多重残疾和单身残疾、单亲残疾家庭的特殊困难，建立定期访视、分类照顾和居家服务制度。鼓励有条件的地区出台居家助残服务补贴政策。针对特殊困难残疾人家庭监护缺失、监护不当或监护能力薄弱等问题，建立基层监护缺失报告制度。层层扎牢残疾人兜底保障的“底线”，不断提高残疾人家庭的抗逆能力。

三是探索建立无障碍应急辅助支持系统。推动无障碍支持和辅助器具服务纳入各级政府建立的应急管理体系。加强信息无障碍应急支持系统建设，有计划地开展技术推广、人员培训和应急服务准备工作，确保视力、听力残疾人等群体无障碍地获取疫情灾情防控方案和公众防护信息，便于在避灾救灾、交通抢运、医疗救治等方面提供信息交流服务。

四是健全残疾人工作管理机制。强化突发公共事件下残疾人领域应急管理工作，需要从健全“政府主导、社会参与、残疾人组织充分发挥作用”的残疾人工作管理机制入手。充分发挥“政府主导”作用，重点强化民政、卫生健康、人力社保等政府职能部门履行残疾人社会救助、福利服务、医疗卫生、残疾预防和康复、劳动就业等工作职责，并进一步推动残疾人安全防护和应急救助纳入各级政府统一建立的应急救助管理体系，真正落实“政府负责”的要求。

浙江省
“十三五”加快残疾人小康进程规划纲要
实施情况评估报告

近年来，在浙江省委省政府的坚强领导和中国残联的精心指导下，全省各级残联组织和广大残疾人工作者以习近平新时代中国特色社会主义思想为指引，按照党中央国务院和省委省政府决策部署，紧紧围绕“全面建成小康社会，残疾人一个也不能少”和“走在全国前列”目标，高质量推进工作落实，许多工作取得开创性、突破性、引领性和历史性成绩，全省残疾人事业取得长足发展，残疾人生活发展状况显著改善，残疾人合法权益得到有效维护，社会助残环境不断优化，2020 年全省残疾人小康实现程度达到 100%，超过“十三五”规划提出的目标（目标值 96%）。

一、主要进展和取得成效

（一）**残疾人全面小康实现程度稳步提升**。根据全省残疾人基本服务状况和需求信息数据动态更新、残疾人家庭收入状况统计监测，2016—2020 年，我省残疾人全面小康实现程度分别为 92.4%、93.2%、94.7%、95.5%、100%，呈逐年稳步提升态势。残疾人家庭人均可支配收入年均增速等全面小康实现程度 16 项指标均达到或超过目标值。2020 年城乡残疾人家庭人均可支配收入分别达到 4 万元和 2.6 万元，比“十二五”时期末增长 57% 和 48%。

表3-2-1　2016—2020年度浙江省残疾人全面小康实现程度

指标（%）	属性	权重	2020年目标值	2016年度	2017年度	2018年度	2019年度	2020年度
残疾人全面小康实现程度	预期性	100	≥96	92.39	93.24	94.70	95.50	100
1. 低收入残疾人家庭精准帮扶率	约束性	6	100	100	100	100	100	100
2. 残疾人家庭人均可支配收入年均增速	预期性	8	≥8.5	12.64	10.98	10.50	10.15	9.46
3. 困难残疾人低保目标人群覆盖率	约束性	7	≥98	79.64	87.50	91.84	92.77	99.37
4. 困难残疾人生活补贴目标人群覆盖率	约束性	7	≥98	83.83	96.54	96.27	93.30	99.31
5. 重度残疾人护理补贴目标人群覆盖率	约束性	7	≥98	91.31	96.84	97.98	96.36	98.81
6. 残疾人社会保险补贴目标人群覆盖率	约束性	7	≥98	82.04	90.67	92.71	97.87	99.65
7. 残疾人住房救助比例	约束性	5	≥98	40.94	67.05	89.48	85.77	99.73
8. 城乡残疾人参加基本医疗保险比例	预期性	6	≥98	98.93	99.43	99.29	98.57	99.31
9. 城乡残疾人参加基本养老保险比例	预期性	6	≥95	81.40	90.63	92.10	93.78	98.81
10. 困难残疾人家庭无障碍改造率	约束性	5	≥90	34.78	61.55	94.25	93.62	98.91
11. 适龄残疾人接受“十五年”教育比例（学前、义务教育和高中）	预期性	7	≥90	82.81	77.57	83.12	84.70	94.70
12. 残疾人基本康复服务率	约束性	7	≥90	92.01	96.19	99.17	99.82	99.92
13. 残疾人辅助器具适配率	约束性	4	≥85	82.61	82.32	88.00	99.52	99.87
14. 重度残疾人和精神、智力残疾人目标人群机构托养、庇护照料服务比例	预期性	6	≥80	78.11	89.63	83.45	98.49	98.43
15. 劳动年龄段有就业能力和就业意愿的残疾人就业率	预期性	7	≥80	78.76	86.01	91.55	93.71	96.51
16. 残疾人社区活动参与率	预期性	5	≥70	50.13	73.16	83.54	82.32	87.68

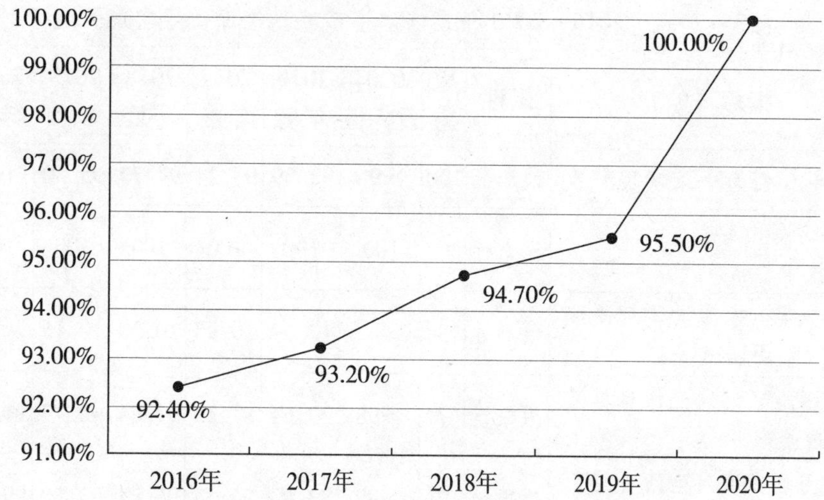

图3-2-1 2016—2020年全省残疾人全面小康实现程度

（二）**残疾人民生保障提质增效**。在全国率先建立起全面覆盖、标准适度、动态调整、衔接有序的残疾人福利补贴制度体系，不断完善并有力实施残疾人各项福利补贴、残疾人低保单独施保、基本养老保险和基本医疗保险缴费补贴等政策，进一步保障了残疾人因残疾发生的额外生活支出和因重度残疾产生的护理费用，有力地减轻了残疾人经济负担。从2016年起，全省将依靠家庭供养的成年重度残疾人和成年三、四级精神、智力残疾人，全部按照单人户纳入低保范围。目前，全省纳入低保残疾人达到24.5万人，约占同期全社会低保总数的39.9%。五年间残疾人“两项补贴”人数达到94.9万人次。2020年，全省“两项补贴”人群覆盖率分别达99.3%、98.8%，全省困难残疾人低保目标人群覆盖率达99.4%，残疾人社会保险补贴覆盖率达99.7%，参加基本医疗保险比例为99.3%，参加基本养老保险比例为98.8%。享受各类社会救助的残疾人占全省持证残疾人总数达88.6%。

（三）**残疾人康复服务精准有效**。扎实推进高质量残疾人康复服务行动，形成以机构康复为骨干、社区康复为基础、儿童康复和辅具适配服务为特色、残疾预防为先导的残疾人康复服务工作格局。出台全省残疾人基本康复服务目录和残疾儿童康复服务制度工作细则，制订残疾儿童定点康

表3-2-2　2020年浙江省困难残疾人生活补贴目标人群覆盖率

地　区	目标覆盖人数（人）	实际领取人数（人）	覆盖率（%）
杭州市	70571	70366	99.71
宁波市	49240	49042	99.60
温州市	63153	62847	99.52
嘉兴市	16544	16497	99.72
湖州市	14725	14723	99.99
绍兴市	34553	34545	99.98
金华市	27734	27664	99.75
衢州市	36351	35623	98.00
舟山市	6956	6951	99.93
台州市	39802	38828	97.55
丽水市	37829	37625	99.46
全　省	397458	394711	99.31

表3-2-3　2020年浙江省重度残疾人护理补贴目标人群覆盖率

地　区	目标覆盖人数（人）	实际领取人数（人）	覆盖率（%）
杭州市	103768	102884	99.15
宁波市	83982	83329	99.22
温州市	87448	85755	98.06
嘉兴市	42489	42199	99.32
湖州市	33237	33095	99.57
绍兴市	50382	50183	99.61
金华市	64658	63926	98.87
衢州市	42630	42099	98.75
舟山市	17614	17443	99.03
台州市	69526	67888	97.64
丽水市	35000	34411	98.32
全　省	630734	623212	98.81

复服务机构政府购买服务准入标准和基本型辅助器具服务工作指南，提高工作规范性和可操作性。在全国率先建立有康复需求和适应指征残疾儿童手术、辅助器具适配和康复训练补贴制度等普惠制残疾儿童康复补贴制度，率先将补贴人群扩大到全体儿童，率先将补贴标准从1.2万元提高至2.4万元，一些地市提高至3.6万元。2020年，0—15周岁得到基本康复服务人数占相应年龄段持证残疾人总数的89.24%。全省残疾人基本康复服务率、残疾人辅助器具适配率分别达到99.92%、99.90%，均超过“十三五”规划目标值（90%、85%），11个市这两项指标也都超过目标值。为46万精神残疾人免费提供基本抗精神病药物。残疾人家庭医生签约服务率达86.69%。

（四）残疾人就业增收持续向好。全面形成以党政机关、事业单位和国企带头安置为示范引领，以电商文创等新业态为突破口，残疾人按比例就业、集中就业、个体就业、辅助性就业和农村生产劳动等多管齐下的残疾人就业格局。2015—2020年，全省通过单招单考共录用残疾人公务员77名、事业单位编制人员159名。城乡新增6.8万残疾人就业，开展残疾人职业技能培训13.2万人次。深入推进电商助残计划，对安置残疾人就业电商企业予以奖励，对具有一定创业条件但缺乏资金的电商创业残疾人予以创业担保贴息贷款。全省已创建残疾人电商创业孵化基地65家。大力推动残疾人按比例就业、辅助性就业工作，全省劳动年龄段有劳动能力、就业意愿残疾人就业率达到96.51%。制定《浙江省超比例安排残疾人就业企业奖励办法》《浙江省劳务派遣残疾人计入接收单位按比例就业人数认定办法》等制度，2020年全省安排残疾人集中就业企业2133家，共安置残疾人5.7万名。承办第六届全国残疾人职业技能大赛，我省代表团获金牌数、奖牌数、团体总分全国第一的历史最好成绩。开展农村贫困残疾人就业帮扶活动，扶持残疾人通过农旅融合、来料加工、种养殖等特色产业增加收入。

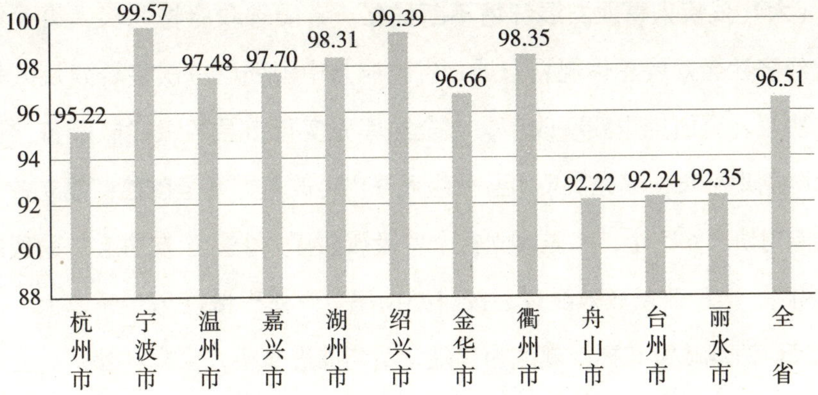

图3-2-2　2020年浙江省劳动年龄段有劳动能力、劳动意愿残疾人就业率

（五）**残疾人基本公共服务均等化水平持续提高**。根据智力、精神和各类重度残疾人托养庇护需求，以县乡为主体，民办公办多措并举的残疾人托养庇护事业呈现良好发展态势。制定全国首个《"残疾人之家"星级评定办法》，"残疾人之家"建设连续三年纳入省政府民生实事项目，共建成1177家规范化"残疾人之家"，庇护服务精神、智力和其他重度残疾人2.5万人。建立健全以"视障教育以省为主，听障教育以市为主，智障教育以县为主"的特殊教育管理体制，构筑以"随班就读为主体，特殊教育学校为骨干，送教服务为补充"的特殊教育布局网络。全面实施全年龄段残疾学生助学政策，"十三五"期间共资助残疾学生和残疾人家庭子女16.64万人次。着力推进送教服务和卫星班建设。面向全省特教工作者设立"浙江特教园丁奖"。全省适龄残疾人接受"十五年"教育比例达到94.7%，高于"十三五"规划目标值（≥90%）4.7个百分点。文体助残服务普遍开展，大部分地区残疾人文体活动参与率较为稳定，残疾人社区活动参与率达到87.7%。五年来，文化助残"五个一"工程惠及23万残疾人，各类特殊艺术团体演出4250场。我省残疾人在第三届亚残运会、第十届全国残疾人运动会中均取得金牌和总奖牌数"双第一"。"十三五"期间，全省竣工残疾人康复、托养等服务设施185个，总建筑规模132万平方米，总投资55.4亿元。

（六）**残疾人事业发展环境不断优化**。省委省政府将残疾人事业纳入我省经济社会发展总体规划布局，省政府与中国残联首次签署残疾人领域合作协议。全面推进残联改革，在全国率先实行市县两级残联配备“两挂一兼”副理事长，率先实现市县两级残联出台改革方案全覆盖，建立各类残疾人专门协会495个，率先成立首个省级孤独症人士及亲友协会。助残服务“最多跑一次”改革成效显现，按时办结率、好评率保持97.5%以上。以完善无障碍法规政策和标准规范为基础，系统推进残疾人家庭、社区、公共服务机构与设施无障碍建设。制定全国首个无障碍家居设施领域的省级地方标准《无障碍家居设施建设规范》。出台《浙江省无障碍社区创建考核办法》，成功创建省级无障碍社区331个。困难残疾人家庭无障碍改造率达到98.9%。建立残疾人权益保障各方协同机制，全省县级以上残疾人法律救助站实现全覆盖。与省检察院创新建立公益诉讼配合“五大”协作机制，与省律师协会建立爱心助残法律服务合作机制，成立爱心助残律师团。321名残疾人当选县以上人大代表或政协委员，积极参政议政。

二、存在的问题

（一）**残疾人社会融入困难尚存**。无障碍改造是一个系统工程，当前，我省无障碍设施建设还存在覆盖面不全、功能不完善的问题。已建成的设施也存在配套性、系统性不够，管理维护不到位等问题，无障碍设施在使用中，存在损毁、挤占的情况。无障碍建设的标准也尚在探索，有待进一步完善。其次，残疾人文化融合的需求较大。虽然残疾人的文体活动参与率在“十三五”期间有较大幅度的提升，基层群众文化也越来越活跃，但面向残疾人有针对性的文体服务仍然薄弱，残疾人特色文化关怀有待加强。此外，残疾人通过教育实现社会融合的困难较大。从动态更新调查反映的情况上看，不少残疾家庭对于送教上门的认知有待加强。

（二）**残疾人就业质量尚有待提升**。虽然残疾人就业率近几年大幅提升，但总的来说，残疾人的就业方式较为单一，就业形式仍然以灵活就业为主，就业质量和就业层次还有待提高，就业的稳定性不高。同时，部分残疾人的就业意愿不高，残疾人在就业过程中的机会不均等、社会歧视问题仍然存在，一定程度上也影响了残疾人对自我就业的认识，影响了就业积极性。随着新冠肺炎疫情防控进入新常态，灵活就业的就业形式最容易受到疫情影响，引起短期收入下降甚至失业，稳定残疾人就业工作压力尚存。

（三）**残疾人庇护照料服务可及性尚有待提高**。虽然得益于重度残疾人护理补贴覆盖面的扩展，我省残疾人享受机构庇护和照料服务的比率显著提高。但仍有不少有托养庇护照料服务需求的残疾人的需求没有得到满足，除了成本较高、残疾人无力购买之外，我省照料服务的市场发展相对缓慢，降低了残疾人照料服务的可及性，不利于满足多样化的照料需求。同时，服务监督管理也有待加强，服务质量有待提高。另一方面，残疾人家庭和全社会对托养庇护机构的接受度也需加强，不少残疾人家庭因为对托养庇护机构的了解不够深入，存在误解和错误观念，缺乏信任，也在一定程度上约束了托养庇护服务的市场化发展。

三、下步打算

下一步，浙江将高举习近平新时代中国特色社会主义思想伟大旗帜，深入贯彻习近平总书记关于残疾人事业发展的重要论述精神，坚持以人民为中心的发展思想，以残疾人民生保障的高质量、残疾人公共服务的高水平、残疾人能力素质的新提升、残疾人平等参与的新气象、残疾人事业现代化的新局面，保障全省广大残疾人在现代化和共同富裕道路上“一个都不掉队”

（一）聚焦“普惠特惠、应助尽助”，提升残疾人基本保障水平。从完善残疾人基本生活保障制度、健全多元化残疾人社会保险制度、提升残疾人专项福利补贴制度和建立残疾人突发公共事件处置机制四方面入手，建立健全残疾人“普惠加特惠”保障政策，兜好残疾人应对各类突发事件底线，确保“应补尽补、应保尽保、应助尽助”。

（二）聚焦“量质并重、多元并举”，推进残疾人就业创业。以修订《浙江省残疾人就业办法》、完善促进残疾人创业就业相关政策为引领，健全残疾人就业保护、就业支持和就业服务制度。加大残疾人按比例就业、集中就业、辅助性就业、个体灵活就业、电商文创就业等各种就业形式帮扶力度。建立残疾人就业表彰制度，加强全链条、专业化就业服务，推动残疾人更加充分、更高质量就业。

（三）聚焦“有效供给、有力保障”，健全残疾人托养庇护服务。进一步健全“以居家照护为基础、乡镇（街道）和村（社区）机构托养庇护为主体、市县寄宿制专业托养机构为依托”的残疾人托养庇护服务体系，鼓励公办民营、合作运营和委托管理等多种方式增加残疾人托养庇护供给，建立健全残疾人托养庇护服务质量检查评估制度，更好为有照护需求的不同类别残疾人提供基本照护。

（四）聚焦“精准服务、规范管理”，加强残疾人康复服务。坚持重点防控与普遍预防相结合，建立残疾预防一体化工作机制，构建政府主导、部门联动、社会参与的工作格局。完善残疾儿童康复服务与补贴制度，培育一批区域范围内示范性强、专业性强、服务水平高的骨干残疾儿童康复机构。加强残疾人康复机构和康复专业人才队伍建设，优化残疾人辅助器具适配服务，推进社区“医康养护”一体综合服务网络建设。

（五）聚焦“均等优质、融合发展”，增强残疾人教育文体服务供给。全面提升特殊教育质量，推进特殊教育融合常态化、特殊教育学校建设标准化、特殊教育服务优质化、特殊教育管理智能化。将残疾人文化体育纳入“文化浙江”和体育强省建设，深度融入公共文化体育惠民工程、重大项目建设和各类文化体育服务内容，发展和扶持残疾人特殊文化艺术和康复健身体育。健全基本公共文体服务设施。精心组织残疾人文体赛事。

（六）聚焦“法治为基、权利为本”，保障残疾人合法权益。以健全残疾人权益保障法规政策为引领，建立残疾人权益保障协商工作机制，健全残疾人享受法律援助机制，加快残疾人法律救助工作机构建设，推动形成家庭、社区和社会组织共同参与，残联组织、残疾人及其亲友共同监督的残疾人合法权益保障机制。

（七）聚焦“数字赋能、系统集成”，推进智能化助残服务。推进智能化助残服务迭代升级，以残疾人电子证照应用场景创设为基础，全面形成以残疾人证为起点的“1 + X”残疾人全周期服务“一件事”机制。推进“一中心两平台”提升建设，进一步完善涵盖各类助残服务、服务全省残疾人的“数字残联”体系，提升残疾人事业决策、管理、服务能力。

（八）聚焦“链式推进、品牌打造”，深化无障碍环境建设。推进家庭无障碍改造、全国无障碍市县村镇创建、省市无障碍社区创建、公共场所无障碍服务提升、传统无障碍环境设施设备数字化和智能化升级等全链条无障碍环境建设，完善无障碍环境建设体系。探索建设更多富有浙江特色的无障碍环境建设示范窗口、示范点。

（九）聚焦“残健共融、和谐共进”，扩大残疾人事业宣传影响。通过开展“全国助残日”“残疾预防日”“国际残疾人日”等主题宣传活动、打造“最美残疾人”等最美系列和“自强模范”“助残先进”等评选宣传，营造扶残助残浓厚社会氛围。完善社会助残动员机制，大力发展残疾人慈善事业和助残志愿服务。鼓励通过政府购买服务、政府和社会资本合作等方式，吸引更多社会力量和民间资本参与残疾人服务产业。学习借鉴国际残疾人事业先进理念与经验，积极传播中国特色残疾人事业发展成就。

（十）聚焦“改革创新、强基固本”，夯实残疾人工作基础。持续深化全省残联改革，优化残疾人康复、教育就业、文化体育、权益维护等助残职能，提升残联系统治理能力现代化。加强基层残疾人组织建设，推进村（社区）残疾人协会全覆盖。完善残疾人专门协会建设，逐步实行协会法人登记制度，依法依章程设置专业委员会。强化残疾人工作者队伍建设，完善残疾人康复、教育、就业、托养照护、文化体育、社会工作等专业人才培养、评价、激励机制。持续推进助残服务设施建设。加快长三角残疾人事业一体化发展。

贵州省
“十三五”加快残疾人小康进程规划纲要
实施情况评估报告

“十三五”时期，贵州省残疾人事业的发展坚持以习近平新时代中国特色社会主义思想为指导，以习近平总书记关于残疾人事业重要论述为根本遵循，在中国残联的大力支持和贵州省委省政府的高度重视下，紧紧围绕“全面建成小康社会，残疾人一个也不能少”的目标，牢记嘱托、感恩奋进，“十三五”加快残疾人同步小康进程的主要指标和任务圆满完成，残疾人与全省人民同步迈进全面小康社会的奋斗目标胜利实现。

一、“十三五”规划主要目标任务完成情况

（一）主要小康指标全面完成

（残疾人小康指标完成情况见下页表3－3－1。）

（二）重点任务成绩明显

1. 残疾人基本民生保障水平大幅提高

一是残疾人低保救助水平显著提升。相较“十二五”末，残疾人低保救助水平提升幅度超过60%。2015年，我省农村低保平均标准是2604元/年，城市低保标准是466元/月。到2020年，农村低保平均标准为4318元/年，城市低保标准是645元/月，残疾人在此标准基础上再

表3－3－1　《贵州省“十三五”加快残疾人小康进程规划纲要》主要指标完成情况

指　标	目标值（%）	完成值（%）
1. 残疾人家庭人均可支配收入年均增速	>10%	10.5%
2. 困难残疾人生活补贴目标人群覆盖率	90%	100%
3. 重度残疾人护理补贴目标人群覆盖率	95%	100%
4. 残疾人城乡居民基本养老保险参保率	98%	98%
5. 残疾人城乡居民基本医疗保险参保率	98%	99%
6. 农村建档立卡贫困残疾人脱贫率	100%	100%
7. 农村贫困残疾人家庭存量危房改造率	100%	100%
8. 残疾人基本康复覆盖率	80%	94.35%
9. 残疾人辅助器具适配率	80%	96.16%
10. 残疾儿童少年接受义务教育比例	95%	96.13%

提高20—30%，符合城乡低保条件的实现应保尽保。二是全面建立“两项补贴”制度，完善了动态调整机制，稳定提高补贴标准，35.8万名困难残疾人享受生活补贴，37.7万名重度残疾人享受护理补贴。三是城乡残疾人普遍享有社会保险。117.6万残疾人参加城乡居民基本养老保险，127.9万残疾人参加城乡居民基本医疗保险。县级人民政府对重度残疾人参加城乡居民养老保险按不低于100元的标准给予代缴，对城乡贫困重度残疾人参加城乡居民基本医疗保险个人缴费部分全额资助。四是实施“阳光家园计划”，4.01万多名残疾人享受托养照料服务，2019年扶贫日专项公募活动募集资金1404余万元，对5617名建档立卡贫困重度残疾人进行照护资助。五是维护残疾人合法权益。残疾人信息消费享受50%的资费优惠或收费减免，15.7万残疾人直接受益。

2. 残疾人脱贫攻坚取得决定性胜利

一是制定实施《贵州省贫困残疾人脱贫攻坚行动计划（2016—2020年）》，把残疾人脱贫攻坚充分融入全省脱贫攻坚大局，优先将符合条件的残疾人纳入建档立卡范围，坚持精准扶贫方略。二是充分利用大数据服务平台，积极开展数据比对，实名制掌握48.8万人建档立卡贫困残疾人基本信息。三是通过中央和省级专项彩票公益金项目以及各级政府实施农村危房改造、“三改两化”、异地扶贫搬迁、东西部残疾人扶贫协作等，完成贫困重度残疾人家庭无障碍改造11.98万户，实现全覆盖。贫困残疾人危房改造率达到100%。截至2020年11月10日，全省48.8万建档立卡贫困残疾人全部实现脱贫，脱贫率100%。

3. 残疾人就业状况明显改善

一是大力实施“残疾人百点千户万人创业就业工程”，创建935个残疾人创业就业示范点，扶持15676户残疾人家庭创业，多种形式新增残疾人就业59416人。二是创新开展残保金转股分红工作，在377个村开展转股分红工作，共帮助1.8万残疾人入股当地农村经济实体，每人每年可获得不低于600元的分红收入。三是创建残疾人辅助性就业机构达到84个。四是残疾人农村实用培训和职业技能培训全面融入全省贫困人口全员培训计划，完成培训各类残疾人76048人。

4. 残疾人康复服务政策性保障持续加强

一是制定《贵州省残疾儿童康复救助办法》，全面加强残疾儿童康复救助工作。探索开展基本辅具适配服务补贴工作，部分地方制定出台辅具适配补贴制度。二是制定省级残疾人精准康复服务目录，进一步加强和规范康复救助服务管理，29项康复项目纳入医保范围，提升残疾人康复服务水平。三是创办贵州省康复医院，医疗康复事业发展驶上快车道。四是推进家医签约服务，将残疾人健康管理服务和基本康复服务纳入服务内容，全省78.36万名残疾人签订家庭医生服务协议。五是加强残疾预防，印发《贵州省残疾预防行动计划（2018—2020年）》，开展全国残疾预防综合试验区创建工作。全省有康复需求的残疾儿童和持证残疾人接受基本康复服务累计100.37万人，残疾人基本康复覆盖率从2015年的14.9%上升到94.35%，其中，残疾人辅具适配服务累计35.09万人，残疾人辅具器具适配率达到 96. 16%。残疾儿童康复救助累计 1. 92 万人。

5. 特殊教育水平得到巩固提高

一是大力推进残疾儿童少年义务教育，全省建有特殊教育学校 78 所，残疾儿童少年义务教育入学率达到 96. 13%。二是落实贫困家庭残疾学生扶助政策和困难残疾高中学生免除学杂费优惠政策，为家庭经济困难残疾学生提供 12 年免费教育。3497 名家庭经济困难的学龄前残疾儿童、3325 名残疾大学新生获得资助。三是创建贵州特殊教育中等职业技术学校，填补残疾人职业教育的空白，在校学生已达 500 多人。五是举办盲人中医推拿和盲人音乐大专班学历教育，招收并资助盲人学生 400 余人。帮助 71 名残疾学生获得学历提升。完成 3000 余人残疾青壮年文盲扫盲任务，开展国家通用手语和国家通用盲文推广培训工作，培训手语和盲文骨干人才 150 余名。

6. 残疾人宣传文化体育生活更加丰富

一是充分利用官方网站、微信公众号、《贵州残联》杂志等宣传品牌影响力，着力加强宣传党和政府各项惠残政策。二是在《贵州日报》、贵州电视台、贵州人民广播电台等主流媒体，开设“发扬人道主义，发展残疾人事业”专栏、手语栏目和专题节目，大力营造健康积极向上向善的精神文化氛围。三是开展“英雄赞歌”贵州省残疾人脱贫攻坚巡回讲述、贵州省残疾人事业“2017 年度十大杰出典范”评选等活动，组织残疾人广泛参与文化活动，极大增强残疾人幸福感。四是残疾人运动员在巴西残奥会、第 23 届夏季听障奥运会、全国残疾人运动会暨特奥运动会等国内外重大赛事中，连续取得突破、创造佳绩。举办全省残疾人运动会，展示残疾人自强风采。

7. 残疾人组织职能获得更好发挥

一是推进残联改革。出台了《贵州省残疾人联合会改革方案》，将改革向纵深推进，9 个市州、88 个县级残联全部出台并实施改革方案。二是加强残疾人专门协会规范化建设。设立专门协会联合临时党支部，强化协会党的建设；建立完善省残联与省级5个残疾人专门协会联系、联席会议等机制。三是残疾人工作者队伍建设进一步加强。推进“专兼挂”残联干部队伍建设；全省培训残疾人工作者19300余人次。四是创新服务，为残疾人办事更加扎实。通过实施县域残疾人服务能力项目，增强基层综合服务能力；服务下沉，重心下移，采取优化办理流程、上门服务、组织远程评残鉴定等方式，加大残疾人证办证力度，基本实现建档立卡残疾人办证“应办尽办”，为其享受惠残政策提供重要依据。

二、主要经验和体会

1. 各级党委政府高度重视是残疾人事业发展的政治保障

2016年，省政府先后印发《省人民政府关于加快推进残疾人同步小康进程的实施意见》（黔府发〔2016〕1号）和《贵州省困难残疾人生活补贴和重度残疾人护理补贴制度实施办法》（黔府发〔2016〕2号），标志着将加快残疾人小康进程纳入全省全面建成小康社会发展大局和各级党委政府的重要议事日程，充分体现了省委省政府对残疾人事业的高度重视和对残疾人的亲切关怀。市、县两级政府全部出台加快残疾人同步小康进程的实施意见或办法。各级残工委成员单位围绕重点工作，各司其职，密切协作，形成了残疾人事业长效工作机制，有力地促进了残疾人事业的发展。贵州残疾人事业的发展成充分体现了党的领导和以人民为中心的思想是贵州残疾人事业飞越发展和残疾人实现全面小康的法宝。

2. 中国残联大力支持是我省残疾人事业快速发展的重要保证

“十三五”期间，贵州累计获得中央各类资金投入达10.9亿，中国残联对贵州给予了大力支持帮助，使贵州残疾人事业在基础设施建设、提升残疾人基本公共服务水平方面获得重大的进步，使广大残疾人充分感受到党和政府的关怀，对贵州残疾人事业的发展发挥了不可替代的帮扶作用。

3. 各级残联主动担当作为是推进残疾人事业兴旺出彩的主要动力

各级残联组织积极担当、奋发有为，发挥引擎作用，构建起残疾人脱贫攻坚的制度体系、创造了“残疾人创业就业百千万”行动、残疾人就业保障金入股分红、易地扶贫搬迁点残疾人综合服务站、搭建和参与残疾人大数据共享平台、基层党组织参与农村残疾人托养服务等一批先进工作模式和典型，得到残疾人群众的衷心拥护和称赞，树立了残联系统的良好形象，获得各级党委政府的充分肯定。

4. 残疾人群众自强不息顽强拼搏是残疾人事业发展的内在动力

全省涌现出了许多身残志不残、自尊自立、奉献社会的残疾人，获得全国脱贫攻坚奋进奖的王华银是他们中的典型代表，他们书写了精彩的人生篇章，激发了脱贫攻坚、同步小康的内生动力，成为全省残疾人事业发展的不竭动力源泉。

5. 社会参与是残疾人事业发展的重要力量

残疾人事业离不开全社会的参与和帮助。残疾人是一个特殊的困难群体，残疾人事业也是一项社会事业、公益事业，在我省实施的“彩票公益金项目”，推进了我省残疾人事业加快发展，数万残疾人受益，我省开展的“携手扶贫济困、助力脱贫攻坚”贫困重度残疾人照护服务资助工作，为数千残疾人提供照护服务资助，这些都反映了全社会的参与对残疾人事业产生的巨大作用和意义。

总之，“十三五”时期，是广大残疾人获得感、幸福感、安全安不断提升的时期，是贫困残疾人状况发生历史性改变的时期，是贵州残疾人事业在中国特色社会主义进入新时代跨越式发展的时期。

就业是残疾人的最大民生

就业是民生之本，也是残疾人脱贫增收的重要途径。无锡市建立了以集中就业、按比例就业、残疾人灵活就业、辅助性就业等多种形式同步发展的残疾人高质量就业体系，在拓宽残疾人就业增收渠道、创新扶贫路径、强化综合保障等方面取得显著成效，全市残疾人的获得感、幸福感、安全感不断提升。

一、创新助残脱贫新方法
——辅助性就业探索之路

智力、精神残疾人和重度肢体残疾人就业最为困难，需要特别关心和扶持。“十三五”期间，无锡市开始探索通过辅助性就业的方式促进这部分残疾人充分就业。

无锡市残联积极摸索符合残疾人个性化需求的辅助性就业特色服务，在遍布基层的“残疾人之家”设立辅助性就业车间，坚持“残联主导、社会参与、政策扶持、多元推动”的方针，以示范扶持、以点带面的方式推进发展全市残疾人辅助性就业，着力打造“无锡样板”。

根据《无锡市关于推进残疾人事业高质量发展的实施意见》《无锡市发展残疾人专项服务扶持办法》和《无锡市残疾人保障救助办法》等文件精神，按照标准严格规范残疾人辅助性就业机构建设，对全市各残疾人辅助性就业人员明确出勤补贴标准和劳动奖励标准；根据残疾人辅助性就业工作需求，成立市、区两级残疾人辅助性就业劳动产品调配中

心，建立项目库和跨区域协调机制，对残疾人辅助性就业劳动产品进行统一管理，系统调配，搭建辅助性就业产品宣传和销售平台，使辅助性产品的附加值不断提高，销售渠道不断拓宽。深入充分挖掘社会和市场资源，按照残疾人辅助性就业机构特点和需要精准匹配残疾人劳动产品，提高残疾人职业康复能力，增加残疾人劳动收入，提高残疾人正规就业转化率；政府部门、社会组织、企业单位共同发力，成立“助残就业联盟”，引导鼓励包括商会协会、民营企业在内的各类社会组织和市场主体与“残疾人之家”、工（农）疗站等辅助性就业机构加强合作，提供辅助性就业劳动产品订单或帮助销售辅助性就业产品；同时，发挥辐射作用，带动居家就业，实现弱劳动能力的残疾人参与劳动，助力全市残疾人辅助性就业发展。

图 4—1—1　第 30 次全国助残日无锡市残疾人辅助性就业劳动产品线上推广活动。

全市已建成“残疾人之家”171 个，惠及 2700 多名弱劳动能力残疾人。参与劳动的残疾人平均收入保持在每月 400 多元，最高达 1500 元。在无锡市残疾人辅助性就业产品展能大赛上，无论是残疾人自主研发的自制产品，还是残疾人创意设计企业代加工产品，都吸引了众多人的目光；惠山区的宣纸挂轴不仅被 16 位知名书画家定制，还远销南非，并制成邮票向全国发行。近两年，因为疫情影响，不少残疾人辅助性就业产品订单量下降，残疾人收入也受到影响。无锡市残疾人就业服务中心创新开展残疾人辅助性就业劳动产品线上推广公益活动，开设抖音直播间进行残疾人辅助性就业劳动产品直播义卖，精致小巧的香囊、珠圆玉润的手串、端正大气的紫砂壶、婉约秀美的泥人和团扇，吸引了众多网友下单购买。

二、开辟党建助残新路径 ——无锡残疾人就业品牌打造

实现残疾人高质量就业，让更多的残疾人平等、充分地参与社会生活，共享社会发展成果，是新时代残疾人工作的重点。无锡市残联作为首批全国残疾人劳动就业试点城市，全力打造残疾人就业服务无锡品牌，推进残疾人就业增量有效提高、就业质量大大改善。

无锡市残联坚持党建引领强根固基，通过汇集党组织力量、政府力量、社会力量和残疾人家庭等四方力量，把党的政治优势、组织优势转化为发展优势，把党建实实在在地融入残疾人工作中。通过党建平台载体与社会助残资源的有效对接，全市已推出12家党建助残基地，建成“幸福·家”“喜憨儿洗车行”“蜜糖天使餐厅”“黑暗

图4—1—2　无锡市残疾人就业服务档案制作：归档残疾人一人一档一案的调研问卷资料，充分摸清残疾人就业状况。

图 4—1—3　无锡市每年定期举办残疾人大学生就业技能训练营，图为无锡广电主持人方丹琼老师作开场介绍。

世界的咖啡”等一大批叫得响、有影响，内涵丰富、特色鲜明的党建助残品牌。无锡市残疾人托养中心党支部发挥自身优势，紧盯社区残疾人家庭需求，推出面向社区残疾人家庭的“喘息”服务，开展入户康复治疗指导，提供家庭解困托养服务。梁溪区广益街道广益星苑小区的“益家”“残疾人之家”，通过党组织助残联盟、银发党员助残联心、志愿者助残联手、残疾人家属联动、专业组织平台联智，积极帮助残疾人增收、就医、康复、融合、减负。在“益家”，残疾人制作的各类手工艺品精美实用，培育的空心菜、豆苗等蔬菜很受餐饮企业欢迎；在“匠心·传承非遗工作坊”里，还有泥人大师亲授技艺。“益家”成为党建助力帮扶的“综合体”和残疾人共建共享的“增能站”。

为了让更多的残疾人脱贫致富，无锡市残联通过精准服务帮助残疾人提高技能，通过宣传教育倡导残疾人自主创业就业。近年来，涌现出

图 4—1—4　新吴区旺庄“残疾人之家”残疾人辅助性就业场景。

不少自强不息典型。陈忠庆是宜兴市张渚镇人，1991 年遭遇车祸，左腿截肢。2015 年，残联协调当地陶艺大师与其结对授艺。陈忠庆起早贪黑，勤学苦练，技艺慢慢成熟，2019 年获得全国第六届残疾人职业技能竞赛陶艺项目第一名，成为远近闻名的陶艺技能大师。江苏省盲协副主席、无锡市盲协主席严三媛 19 岁双目失明后，艰难地学习中医推拿，1997 年通过无锡市残联的帮助，获得赴京参加中国残联盲人按摩大专班学习的机会，2000 年成为无锡市第一位获得大专文凭的盲人推拿师。如今，严三媛在无锡创办的盲人推拿按摩店已达 9 家，累计安置员工千余名，其中四成是来自低收入家庭的盲人。她的事迹不仅激励了很多残疾人，也令整个社会为之感动。她先后被评为“江苏省自强模范”“中国好人”“江苏省道德模范”“江苏最美巾帼人物”，2019 年 5 月，作为“全国自强模范”受到了党和国家领导人的接见。

三、提供专业化服务
——高质量就业服务体系建设发展

无锡市残联坚持“优势视角”，通过专业化服务，让残疾人激发了潜能，提升了就业意愿，完善了职业技能，增加了就业机会，为无锡残疾人就业工作积累了宝贵经验。

无锡市坚持普惠与特惠相结合的原则，先后出台《用人单位按比例安排残疾人就业补贴和超比例奖励办法的实施细则》《残疾人就业保障金征收使用管理实施办法》《加快残疾人辅助型就业的实施办法》《关于推进残疾人事业高质量发展的实施意见》等文件，建立覆盖残疾人、就业服务机构和用人单位的政策保障体系，增强政策覆盖面、激励性和精准度，充分调动企事业单位、社会组织和社区等多方力量投身残疾人就业建设。按照“政府采购、合同管理、绩效评价、信息公开”的思路，精准设计服务项目和服务标准，建立评估和反馈机制，加强质量监控和绩效考评，组织实施政府购买助残服务项目 6 大类 62 项，不仅培育了一批有专业水准、有核心内容、有职业操守的优质社会就业服务机构，还提高了政府助残服务资金的使用效益。

为了提高就业服务的精准度和有效率，无锡市残联大力开展残疾人培训与实训，建立无锡开放大学残疾人教育学院，在做好残疾人学历教育的同时，提升残疾人“互联网 +”就业创业能力；在无锡科技职业学院建立残疾人职业技能培训示范基地，开设会计、电子商务、汽车维修等培训班，残疾人经过系统化、专业化培训后，可考取初级会计证、电子商务师证和“1+X”汽车运用与维修证书等职业技能证书，为高质量就业提供保证。定期为残疾人进行职业能力测评和心理健康指导，精心设计订单式培训和实训，通过人岗匹配和全方位跟踪服务等契合残疾人和用工单位需求的有效服务，引导残疾人转变就业观念，提升企业用工

图 4—1—5　无锡市残联与索尼公司党支部结对，通过党建助残树立企业招聘残疾人就业的标杆。

信心，促进残疾人精准就业，大大提高了残疾人就业率、稳岗率、晋升率。在残疾人职业技能培训、就业岗位开发等方面，市残联建立了全面、准确、可靠的残疾人就业信息数据库，建设了“智慧残联”数据中心；将线下服务与线上功能有机结合，开发了“互联网 + 就业”模式；研制残疾人就业绩效考评机制，利用大数据技术，对就业残疾人的工作情况、岗位适配和离岗原因，以及未就业残疾人的就业需求和就业意愿等数据进行收集、分析和管理。引入市场竞争机制，根据工作内容，分别采取单项目承包、项目一体化等模式，通过公开招标，调动专业力量提供辅助服务的积极性，打破区域和专业壁垒，促进优势互补，促进残疾人就业率和满意率稳步提升。

“十三五”期间，通过高质量残疾人就业服务体系建设，无锡市劳动年龄内残疾人就业率达 62.15%，全市残疾人按比例就业人数年均增长 10%。新入职残疾人就业 3 个月稳岗率为 83%，6 个月稳岗率为 74%，高于社会平均水平。就业残疾人待遇也大幅度提高，工资水平保持较快增长，抽样调查显示，近两年新入职残疾职工人均税后月工资两年增幅为24%，高于社会人均增幅17.7%。根据2019年度《江苏省就业质量蓝皮书》，无锡市就业总体满意度得分86.85分，位居全省第一，抽样调查表明，近两年新增就业残疾人的就业满意度高于无锡市平均水平。

（无锡市残联供稿）

共建就业创业平台
谱写扶残助残新篇章

就业是民生之本、财富之源，是改善残疾人生存状况的重要途径。四川省残联努力破解残疾人就业创业瓶颈难题，创新开辟了一条利用社会化手段促进残疾人就业创业高质量发展的新路径。

一、助残集结倡议：四川省助残就业创业公益联盟

“我们正式发出成立‘四川省助残就业创业公益联盟’的邀请和倡议，助力残疾人就业创业，践行社会责任，汇聚各方力量，共同着力构建一个全省性的助残就业创业公益平台。”2020 年 12 月 3 日“国际残疾人日”期间，四川省残联召开筹备成立四川省助残就业创业公益联盟新闻通气会，通过新闻媒体向全社会发出了助残集结倡议。随后，14 个省级部门和 133 家有广泛影响力的单位、高校、企业和社会组织，以及社会各界纷纷积极响应。2021 年 5 月 25 日，“全国助残日”期间，省残疾人服务中心、省就业训练中心、省非遗保护中心等 9 家省级单位共同发起，正式成立了“四川省助残就业创业公益联盟”。

“我们觉得，好的企业就要勇于承担社会责任，关爱、帮助残疾人，所以毫不犹豫地加入联盟。依托联盟，我们就能从各自的领域给予广大残疾人有针对性、专业化的关爱和支持，让他们能干得下去，站稳脚跟。”四川科道芯国智能技术股份有限公司副总裁说出了许多联盟成员单位代

图 4—2—1　2021 年 5 月 25 日，四川省残联党组书记、理事长杨志远（中）与省人社厅等 14 家指导单位参加四川省助残就业创业公益联盟启动仪式。

表的心声。

俗话说，“众人拾柴火焰高”，残疾人就业创业需要全社会给予更多的关爱与帮助。成立联盟就是四川省级各部门将残疾人就业作为“分内职责”，积极创新、勇于担当，发动联合各机关和企事业单位、高等院校、爱心企业和社会组织、社会企业携手践行助残就业创业社会责任的一次具体实践和有效尝试。

二、“1+3+8+N”：联盟运行模式

一年来，四川省残联主要围绕建立联盟“1+3+8+N”的运行模式，开展了一系列卓有成效的工作，搭建了“一个平台”、开动了“三驾马车”、突出了“八项重点”、实现着“N 种可能”。

（一）“1”是搭建一个开放、包容、合作、共赢的助残公益服务平台。

四川省残联先后组织召开3次专题座谈及研讨会，听取联盟发起单位、助残社会组织、企业和残疾人代表的意见和建议，审议联盟有关文件，就联合组建联盟达成共识；发文征求联盟各指导、理事单位及全省残联系统、残疾人服务机构或组织、残疾人代表等意见和建议，形成《四川省助残就业创业公益联盟工作规则（试行）》，明确联盟性质目的、工作内容、组织机构、资金筹集等重大事项，为联盟健康运行提供了总体遵循。

（二）“3”是带动联盟务实高效运转的“三驾马车”。

第一驾“马车”，是发展吸收联盟成员单位。通过召开新闻通气会，四川省残联向全社会发出倡议，点对点向相关机构和组织发出邀约，发挥部门作用动员各地相关机构和组织加入。全省已有133家有广泛影响力的单位加入，包括：中石油西南分公司、三大通信运营商等央企，四川大学、省社科院等高校和科研机构，四川永辉超市、四川圆通速递等知名企业，省青年创业促进会、省残疾人五大专门协会、启航助残中心等专业组织。

第二驾“马车”，是储备残疾人就业创业帮扶项目。全方位发动各级残联、各类社会组织和机构，从残疾人就业创业实际需要出发，积极储备和实施残疾人就业创业帮扶项目85个，待评估后择优实施。

第三驾“马车”，是筹集联盟发展专项基金。在省残疾人福利基金会设立“联盟专项基金”，开设了专户，确保基金专款专用。根据联盟发展实际，以后将逐步引入其他基金会、慈善会、狮子联会等，运用线上与线下募资平台，扩大基金筹集渠道，丰富基金筹集方式。

（三）“8”是突出开展以助残就业创业为重点的8个方面的公益项目和活动。

1. **凝聚助残共识**：各成员单位针对残疾人就业困难问题，呼吁共同关注、理解、支持和参与残疾人就业创业。

2. **开发适合适残岗位**：鼓励成员单位或影响其他有关单位主动开发适残岗位，广泛吸纳残疾人就业。

3. **提供就业培训**：多形式、多渠道为残疾人提供线下线上创业辅导、技能培训、职业指导和公益讲座等服务。

4. **创业孵化培育**：支持有基础、有潜力、有前景的残疾人领办、创办企业、组织或机构，为他们提供必要的技术指导、资金扶持等，帮助他们探索创业新路子。

5. **筹集资金物质**：依法接受成员单位捐赠或赞助，为助残就业创业项目提供资金、物资支持。

6. **助残交流合作**：通过公益活动、沙龙、讲堂等，为残疾人提供就业创业政策咨询、公益活动指导、信息交流与项目合作等服务。

7. **助推产品销售**：提倡成员单位在消费农副产品，发放福利、慰问品，购买活动纪念品、会务定制品时，优先采购残疾人和助残产品，助推残疾人和助残产品的销售推广。

8. **广泛宣传造势**：充分利用全国助残日、国际助残日等重大节日、时间节点，广泛宣传残疾人就业创业政策、项目和典型经验、模式。

（四）“N”是积极创造多元化、开放式、互动型的公益服务环境条件，推动着助残就业创业公益服务的无限可能。

对于指导单位而言，强调坚持依法行政、按章办事、周到服务；对成员单位而言，强调鼓励大胆设想、小心求证、科学论证。联盟积极探索运行的柔性治理模式，最大限度地激发成员单位的主动性、积极性和创造性，从而推动助残就业创业公益服务事项的无限可能。

图 4—2—2　2021 年 40 多家四川省助残就业创业公益联盟成员单位承办、协办 2021 年全省高校残疾人毕业生就业（实习）双选会暨残疾人励志演讲活动。

三、探索和成效

（一）积极宣传，凝聚共识

为庆祝建党百年，号召并组织 30 余家联盟单位承办、参与四川省政府残工委组织的“您是我的眼”等十余场残疾人励志主题演出，目前已走进省内部分市（州）、高校、中学巡演 40 余场，线上线下观众已达百万人次，宣传了残疾人事业发展成就，展现了残疾人良好精神风貌，感动着每一个观众，产生了良好的社会反响。成都七中实验学校毛道生校长在看完演出后感触颇深，他向全校师生表示：“这台节目让我心潮澎湃，久久不能平静。因为他们不是‘娱乐表演’，而是用文艺的方式述说他们对生命、对人生、对生活的理解和感悟，能让我们在震撼和感动中汲取人生智慧，充实生命力量。所以，我们不是在观看文艺演出，而是在接受教育，在学会成长。”

在 2021 年“全国助残日”期间，组织 20 余家联盟单位积极承办、参与“2021 中国·成都国际康复福祉博览会”，邀请 108 家机构参展，超过 10 万人次观展，得到 25 个中央和省级主流媒体全方位报道，浏览量超 100 万。对残疾人事业研究专家来说，这是一次大调研的难得良机，短短半天就接触了解了上百家助残机构，这在以往是绝不可能的事；对社会普通民众来说，这是一次大科普，很多人第一次知道残疾人康复除了医疗康复，还有教育康复、职业康复、社会康复和运动康复；对全省各地的残疾人来说，这是一次实实在在亲身感受党和政府特别的关心关怀、全社会的关心帮助的盛会，他们脸上洋溢着灿烂的笑容，更加坚定了感党恩、听党话、跟党走的信念。

（二）开发适残岗位，提供就业培训

2021 年，40 多家联盟单位承办、协办 2021 年全省高校残疾大学生就业（实习）双选会暨残疾人励志演讲活动，组织 144 家单位提供 3016 个岗位，52 家高校的 500 余名残疾大学生参加。双选会邀请省“互联网 + 职业指导”专家团成员代表组成专家指导团坐镇现场，为求职残疾大学生开展“一对一”问诊式职业指导。四川电信同步进行就业指导专题直播，教育厅、省残联、人社厅相关负责人为残疾大学生详细介绍相关就业政策及就业形势，并就残疾学生及其家长关心的政策和问题进行讲解，吸引了 3 万余人关注，四川观察等头部媒体纷纷报道。

图 4—2—3　四川省助残就业创业公益联盟成员单位成都青融创文化创意有限公司青白江十二针绣坊绣娘正在参加蜀绣培训。

图 4—2—4　四川省助残就业创业公益联盟成员单位四川省残疾人服务外包就业（实训）基地集中安置残疾人就业。

（三）创业孵化培育，助推产品销售

2021 年 6 月 11 日，由川渝两地残联共同指导，成都启航助残公益服务中心、四川联通等 20 余家联盟单位承办、协办的第二届“麻辣天使”川渝残疾人新媒体营销大赛正式启动，参训参赛选手覆盖全国 16 省 3 个直辖市，培训 631 名残疾人，网络销售助残产品数万件，全网曝光量近百万人次，吸引抖音、淘宝等 50 多个知名品牌参与助力。大赛既是助力川渝两地残疾人就业创业的跨省性重大赛事，又是联盟各单位积极组织参与的一次全国性示范性、引领性赛事，更是顺应时代发展、契合残疾人需求，解决急难愁盼，让广大残疾人朋友真正受益的就业创业服务举措之一。

参赛选手马云润来自雅安市芦山县，2021 年毕业于乐山师范大学时 22 岁，由于肢体三级残疾，找工作时处处碰壁。“身虽残，志犹在”，马云润毅然决定回家乡创业。她表示："特别感谢'麻辣天使'营销大赛，让我学到了短视频运营知识，能够通过自媒体、电商平台，参与到乡村振兴这个大战略中，为家乡的农业产业、文化旅游的发展尽一份绵薄之力；同时，也可以影响更多身残志坚的朋友，勇敢地站起来做自己！"

（四川省残联供稿）

“五统一”推动盲人按摩品牌化发展

南昌市针对盲人就业渠道窄、脱贫难度大的实际情况，通过“五统一”打造盲人按摩品牌，帮助盲人就业创业，走出了一条引领盲人脱贫致富奔小康的道路。

一、定政策，“五个统一”铸品牌

按摩是盲人就业的主要方式，也是改善生存状况、融入社会的最有效途径。大力发展盲人按摩事业，对帮助盲人脱贫奔小康、实现人生价值、平等参与社会生活有着十分重要的意义。

图 4—3—1　南昌市从事按摩的盲人参加第 33 个国际盲人节活动。

南昌市现有3家按摩医院、1所盲童学校、297家盲人按摩机构，从业盲人达到2125人。南昌（洪派）盲人按摩已有60多年的发展历程，发端于20世纪60年代，发展壮大于70年代，成名于八九十年代，有“北看洛阳、南看南昌”的美誉。近年来，由于受疫情、市场竞争激烈和盲人文化程度局限等因素的影响，盲人按摩行业遇到了生存危机。

“过去，南昌绝大多数盲人按摩店环境差、档次低，管理不规范，同时受到健全人开办的按摩店、泡脚店、桑拿店的冲击，盲人按摩几乎没有立足之地。”南昌市红谷滩区盲人按摩师曹兵这样回顾南昌盲人按摩状况。

2016年5月，经反复调研和认真分析，南昌市残联决定重振南昌（洪派）盲人按摩品牌，再创“南昌（洪派）盲人按摩”辉煌，以品牌打造引领盲人实现就业奔小康目标，市残联与市财政局联合出台了《南昌市盲人创新创业的扶持办法》，创新出台了《关于进一步打造“南昌（洪派）盲人按摩”品牌，促进盲人就业的工作方案》，对全市盲人按摩机构实行“五统一”打造，统一标识、统一店招、统一工作服、统一规章制度、统一按摩床上用品，根据经营规模把上百家盲人按摩店划分为示范店、旗舰店、航母店，分三年给予不同等级的资金帮扶，最高等级的航母店每家帮扶资金达到18万元。截至2020年底，全市已打造完成110家品牌店，安置从业盲人923人，扶持资金达880万元。

图4—3—2 南昌市盲人按摩“五统一”示范店。

著名南昌（洪派）盲人按摩传承人曹兵，在党和政府的关怀和支持下，善抓机遇，在不到四年的时间里连续开办8家盲人按摩分店，安置带动78名盲人就业。“南昌盲人按摩今非昔比了。整个行业环境改变了，服务规范了，形象提升了，经营效益也提高了。”说起南昌盲人按摩这些年的变化，曹兵掩饰不住内心的兴奋。2016年底，曹兵为感谢党和政府的扶持打造，自发组织店里的盲人按摩技师深入敬老院、养老院开展按摩志愿服务活动，受到群众好评。在曹兵的感召下，越来越多的“五统一”盲人按摩店自觉深入社区，组织开展按摩志愿服务活动。

二、强氛围，“六进活动”造声势

献爱心与世人，送健康给社会。为鼓励盲人按摩从业人员回报社会的感恩之举，扩大和提升南昌（洪派）盲人按摩品牌影响力和知名度，2017年，南昌市残联出台了《南昌盲人按摩“六进”活动方案》，按照有偿和无偿相结合的原则，在全市组织有志愿服务意愿的盲人按摩技师，参与开展南昌盲人按摩进机关、进社区、进景点、进企业、进商场、进养老院等的“六进”活动，给予参加志愿服务活动的按摩技师每人每次300元的补贴。自“六进”活动开展以来，参与的盲人按摩技师累计100多名，先后在全市开展300多场次活动，免费为1万多名市民提供了义诊、推拿按摩、健康咨询和养生保健讲座等志愿服务。

南昌市盲人协会主席、南昌（洪派）盲人按摩“领军名师”芦爱生这样总结市残联组织开展的“六进”活动：“无论是按摩治病还是按摩保健，都提高了（洪派）盲人按摩品牌的社会影响力和社会公信度，同时增强了盲人技师跟党走、感党恩以及回报社会的意识。许多盲人朋友就是在这样的氛围中，通过就业、创业过上了‘收入有来源、生活有保障、融入社会有基础’的新生活。”

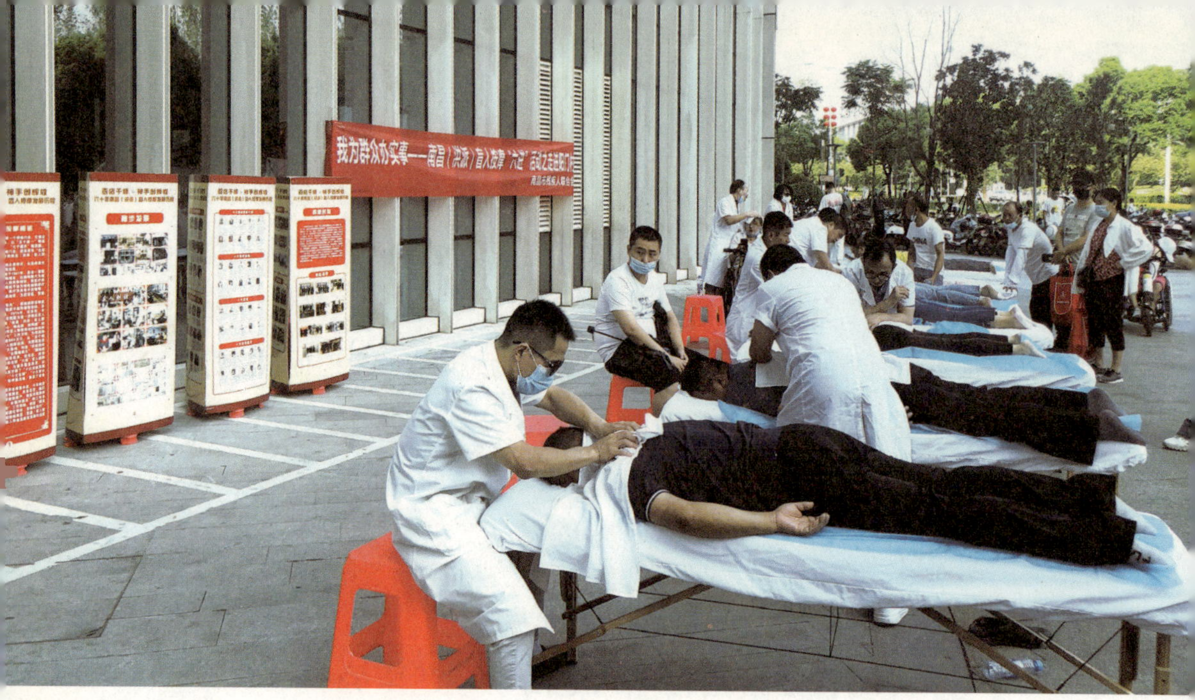

图 4—3—3　南昌盲人按摩“六进”活动场景。

三、出实招，“七个提升”助发展

为进一步苦练内功、提升技艺，南昌市残联以提升学历教育、提升就业技能、提升经营层次、提升盲师知名度、提升交流平台、提升交流平台、提升精神品质等“七个提升”为载体，打响南昌（洪派）盲人按摩品牌提升战。

提升学历教育。为 124 名盲人提供全国盲人医疗按摩继续教育服务，其中 30 人通过职称考试取得盲人医疗按摩初级资格证书，获得从业资格。

提升就业技能。培训初级保健按摩师 110 名、中级保健按摩师 64 名，做到全部持证上岗。

提升经营层次。推动盲人医疗按摩机构申请纳入城镇基本医疗保障定点单位，5 家获得审批，医疗按摩成为南昌盲人按摩产业的新动能。

提升盲师知名度。通过南昌“洪派”盲人按摩十大突出贡献人物、十大领军名师和十大名师等评选活动，开展百店千师盲人按摩技能“大比武行动”，打造“洪城工匠”。同时，联合南昌广播电视台开办 40 期“名师高招”节目，讲述盲人名师的从业历程。先后推荐5名盲人创业自强代表参加南昌残疾人励志报告团，鼓励更多盲人走上自强就业创业道路。

提升交流平台。建立南昌“洪派”盲人按摩专家库，推动开展技术研究；市盲协组织会员代表赴江苏泰兴参加盲人按摩高峰论坛、赴杭州考察盲人医疗按摩产业，举办第三届全国盲人按摩创业高峰论坛，拓展从业盲人的眼界和思路。

提升精神品质。举办盲人“知法于心·守法于行”演讲比赛和盲人运动会，组织开展“歌颂祖国歌颂党”感恩诗歌朗诵比赛活动，鼓励和引导从业盲人听党话、跟党走、感党恩。

赵令茂，曾经是南昌湾里管理局的一名事业有成、家庭和睦的乡村医生。2001年，妻子不幸患病去世，为治病欠下了30多万元的债务。而他自己视力急剧下降，一年后几乎失明，村医也当不成了，两个孩子还在读书，人生就这样陷入了绝境。后来，他参加了盲人按摩技术培训班，但几次开按摩店又最终倒闭，成了镇上建档立卡贫困户。“五统一”打造南昌盲人按摩品牌的政策，点燃了他再次创业的激情。2017年，

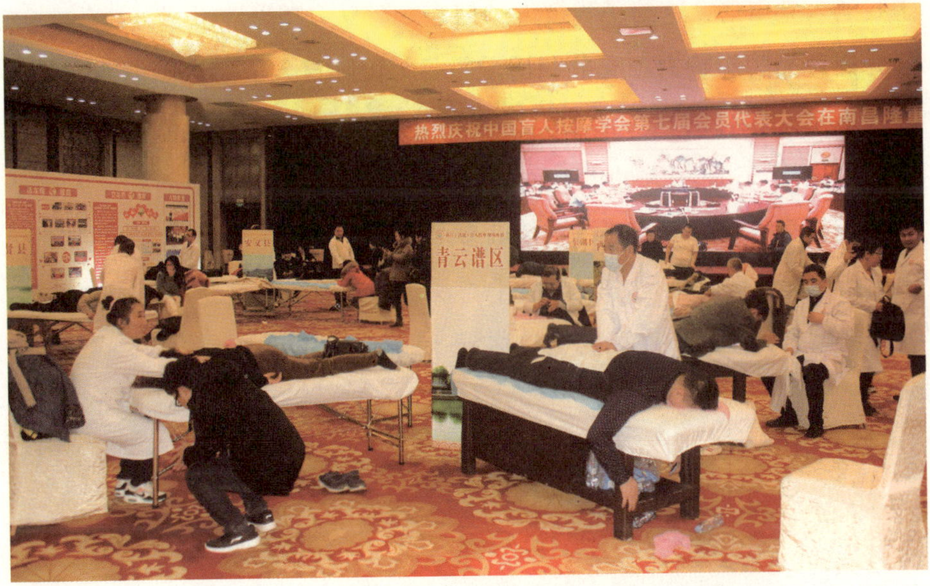

图4—3—4　中国盲人按摩学会第七届会员代表大会在南昌举办，这是盲按体验区。

在政策扶持下，他在湾里招贤镇开了一家盲人按摩品牌店。过去，他自己开的按摩店环境脏乱差，顾客来了有的看一眼就走。现在按照“五统一”标准打造的品牌店，环境整洁干净，管理也规范了，来的顾客多了。2020年，他又通过技术提升，考取了盲人医疗按摩资格证书，新开了一家盲人医疗按摩所，还获得了南昌市第二届“洪城工匠”荣誉称号。现在他的按摩店年收入超过20万元，不仅自己脱了贫，店里还安置了4位盲人就业。

新建区盲人技师夏力，先天性失明，南昌盲童学校毕业后开了一家按摩店，感恩于党和政府及社会的帮助，从创业开始他就有一个心愿，就是想加入中国共产党。他严格要求自己，加入公益组织，为社区和敬老院的老人免费按摩，邀请一些偏远农村地区没文化、没技术的盲人、聋哑人到自己店里学技术、学经营。由于积极向上、技术过硬，他按照“五统一”打造的盲人按摩店生意红火。其间，他还收获了自己的爱情，组建了家庭，生了一个儿子，一家人过上了幸福的生活。“我受惠于党和政府、受惠于社会，就应该懂得感恩。不久前，残联党组织明确接受了我的入党申请，这给了我极大的信心。”夏力高兴地说。

提升品牌影响力。充分利用爱眼日、国际盲人节、全国助残日等节点开展形式多样的宣传活动。在庆祝第33个“国际盲人节”暨南昌盲人按摩发展55周年大会上，南昌市残联首次发布《神手创辉煌》画册和《南昌盲人按摩赞美歌》，300多名盲人技师在“百人盲师大展演、千名市民大体验”活动中大显身手，现场体验的市民络绎不绝。“洪派”盲人按摩得到了广大市民的交口称赞。

（南昌市残联供稿）

“熊爪咖啡”，传递温暖

2020年末，上海永康路上有一家咖啡馆吸引了社会的关注：它没有门、没有窗，一面灰墙挖了一个洞，一只“熊爪”从洞口中递出顾客买的咖啡，让人仿佛进入了童话世界。可爱的“熊爪”还经常与顾客互动，如竖起大拇指、比个“心”形姿势等，传递着“熊熊”的热情。这家可爱的咖啡馆，在微博、抖音及其他社交媒体上被广泛传播，迅速成为“网红”打卡地，大家也纷纷探访“熊爪咖啡”背后的故事。

图4—4—1　一只“熊爪”从洞口中递出顾客买的咖啡。

原来，这家咖啡店的主人是两名残障人士。

一、在阳光下悄然开店，在关注下茁壮成长

“熊爪咖啡”创业团队成立于2020年11月，初心是希望帮助更多的残疾人就业，培养他们拥有一技之长，让他们更多地感受到触手可及的温暖，更好地融入社会。永康路上的这家咖啡馆就是“熊爪咖啡”开设的第一家门店。

图 4—4—2 社会温暖让“熊爪咖啡”成为网红打卡地。

店长陈莹莹是听障咖啡师，曾在咖啡冲调比赛中获过大奖。带着熊爪递出咖啡的店员曾经遭遇面部烧伤，因为不方便在一般的咖啡店工作，所以选择了从“山洞”内探出“熊爪”的方式与顾客互动。他们俩都是上海市残联技能培训班的学员，上岗之前均经过了专业培训。

第一家门店的成功，让“熊爪咖啡”创业团队扶残助残的初心更加坚定明确。在开办第二家门店时，对人才培养有了新的要求。永康店要短时间内孵化培养新店人员，难度可想而知。比如，听障店员听不见打奶泡等声音，只能用手感受温度，需要更多的时间。陈莹莹不但要分享自己的成功经验，还要针对不同的伙伴，细致耐心地指点传授。

“熊爪咖啡”在杭州开店时，得到了各方的大力帮助，顺利招聘了 4 名残疾人员工。他们都是“咖啡小白”，但待人真诚热情。除了陈莹莹，其他残疾人员工也承担了培训工作，原来的“小白”们，一个个成长为专业的咖啡培训师，示范一板一眼，监督一丝不苟。在“熊爪咖啡”这个平台上，乐观、利他、努力、勤奋，变成了打通一切关卡的法宝。

应北外滩社区组织的邀请，2021 年 7 月 1 日，北外滩“熊爪咖啡”门店正式对外营业，给高楼林立、灯火辉煌的陆家嘴增添了一抹温暖风景线。这是“熊爪咖啡”团队献给党的生日礼物。

转眼间，“熊爪咖啡”门店已有近十家。团队始终不忘为更多残疾人提供就业机会的初心，用心做咖啡，持续做公益，受到了社会各界的一致好评。

二、在聚光灯后时时关注，在成长路上默默支持

“熊爪咖啡”是上海残疾人新就业形态的品牌之一。“熊爪咖啡”团队在创意之初就联系了上海市残联，并在市残联的指导和支持下，找到了残疾人咖啡师陈莹莹。陈莹莹曾获残疾人职业技能大赛咖啡冲调第一名，专业能力毋庸置疑；而且，陈莹莹也在“熊爪咖啡”团队中得到了充分历练，在创业发展过程中茁壮成长，从一名普通的咖啡师变成了残疾人创业小明星，接受媒体采访也由开始的羞涩变得从容自如。

图 4—4—3 “熊爪咖啡”和顾客热情互动。

上海市残联始终关心关注着“熊爪咖啡”的起步、成长和发展。“熊爪咖啡”开业刚一个月，上海市残联调研发现，“熊爪咖啡”有拓展规模、寻找更多伙伴的需要，就通过官微对“熊爪咖啡”的招聘岗位进行推介，同时，安排工作人员与“熊爪咖啡”团队共同筛选应聘者。临近 2021 年春节，上海市残联帮助“熊爪咖啡”团队在上海残疾人“创客 201”举办了一场别开生面的招聘面试会。招聘会气氛异常热烈，持续了近 4 个小时，一共迎来了 27 位经过筛选的应聘者。“熊爪咖啡”店长陈莹莹也来到现场答疑解惑，与参加面试的残疾人朋友就咖啡制作进行交流。

2021 年 10 月，为了更好地促进残疾人就业创业，上海市残联和市人力资源和社会保障局对“熊爪咖啡”进行调研，了解团队的发展情况，

介绍最新的创新创业和残疾人就业政策，为团队的进一步发展出谋划策。

“熊爪咖啡”创业团队不断壮大，对未来也有了更多的憧憬。11 月 18 日，上海市残联再次就残疾人就业创业支持政策对“熊爪咖啡”团队指导，共同探讨“熊爪咖啡”下一步的发展方向，强调要坚守初心，为更多残疾人提供就业机会。

“熊爪咖啡”团队也对发展前景充满了信心：“虽然一路披荆斩棘，不知道等待我们的是什么，但是，任何困难也不能动摇我们对美好愿景的追求。我们将不忘初心，砥砺前行。”

（上海市残联供稿）

智力残疾人就业的玉祁样本

2015年，深圳开办了全国首家喜憨儿洗车店，随后该模式得到全国各地残联、公益机构、心智障碍者家长们的认可，被复制到青海、杭州、成都等地。无锡市惠山区玉祁街道“喜憨儿洗车中心”于2018年12月11日正式投入运行，是全国第16家、也是江苏省第一个落地无锡的“喜憨儿洗车中心”。

与之前15家不同的是，玉祁街道“喜憨儿洗车中心”率先尝试融入了党建助残模式。党建助残注入了红色基因，党建带群建，群建促党建，正绽放出旺盛的生命力和影响力，成为惠山乃至无锡民生窗口的文明标识。“喜憨儿洗车中心”创始人曹军给予高度评价：全国16家“喜憨儿”，这家“最具有可持续发展能力”。

一、党建引领注入红色基因

2018年，“喜憨儿洗车中心”项目落地后，惠山区残联在省市残联的指导下，确立了“融入中心抓党建，抓好党建促发展”的党建助残工作思路，突出党建引领，助推“喜憨儿洗车中心”高质量发展，确保留得住、办得好，真正做成“百年老店”和具有高复制价值的示范工程，让越来越多的“喜憨儿”都能走出家门，融入社会。项目筹建期间，残联和组织部门联手，将玉祁街道党工委党建品牌“党辉熠熠·红色关爱”之共享阳光服务项目融入“喜憨儿洗车中心”，因地制宜，建成“喜憨儿洗车中心”党建助残平台，全力打造惠山区乃至无锡市民生窗口的文

图 4—5—1　惠山特教老师为喜憨儿进行模拟擦车培训。

明标识。2019 年初，残联和组织部门将“喜憨儿洗车中心”党建助残项目通过线上线下等多种渠道和媒介、用图文并茂的形式，向社会发布项目的基本情况、项目特色和结对帮扶需求等。党建引领为“喜憨儿洗车中心”注入了红色基因，中心逐渐成为无锡市 31 家党政机关、人大、政协、社会群团，企事业单位的党组织和广大党员扶残助残、落实组织生活、进行党性锤炼的平台和“党建带群建，群建促党建”的阵地，党建工作和助残工作实现了深度融合发展。

二、红色基因激发助残新动能

党建引领激发了助残工作新动能，玉祁街道“喜憨儿洗车中心”实现了四大转变：

一是变民间自发行动为党和政府主导负责。深圳市“喜憨儿洗车中心”是由心智障碍者的家长自发组织、深圳市智家喜憨儿成长关爱中心出资的运营机构。而玉祁街道“喜憨儿洗车中心”是由街道出资设立，并成立了党建助残工作站，坚持把助残工作放到党建工作中统筹部署、协调推进、融合渗透、联动互补，以形成合力、共同发展。这种特色充分发挥了品牌影响力的优势，使从业残疾人及其家属深刻感受到党和政府的温暖，更加坚定了听党话、跟党走的信心。

二是变各级残联“单兵作战”为全社会“联合作战”。玉祁街道将党建助残工作站设在“喜憨儿洗车中心”，区残联将街道“残疾人之家”也设在“喜憨儿洗车中心”，落实了党委领导、政府负责、社会参与、残联协调的社会化工作机制，形成了全社会“联合作战”的格局。

三是变个人分散自发行动为组织集体自觉行为。党建助残工作站的23个成员单位，结对共建的31家党政机关、人大、政协、社会群团，企事业单位的党组织，助残新鲜血液不断进入，广大党员自觉投身助残

图 4—5—2 “喜憨儿”洗车场景。

图 4—5—3　惠山区玉祁街道行政执法局工作人员每个季度为洗车中心清淤。

实践，发挥先锋模范作用。

四是变前路难测为可持续发展。“喜憨儿洗车中心”在帮助智力残疾人就业的同时，还要提供康复服务训练、职业规范、社会基础认知、日常生活技能及体能素质训练等服务和帮助，这是一般运营机构不能承受之重，极易发生资金紧张、人手不足等诸多困难。而玉祁街道“喜憨儿洗车中心”和党建助残工作站、“残疾人之家”三合一的运作模式则消除了这些“成长的烦恼”，为中心的可持续发展提供了不竭的动力源泉。

三、助推残疾人共享新时代美好生活

玉祁街道“喜憨儿洗车中心”突出了党建助残的巨大作用和力量，实现了可持续的市场化良性运作：截至 2021 年 11 月，已为社会提供

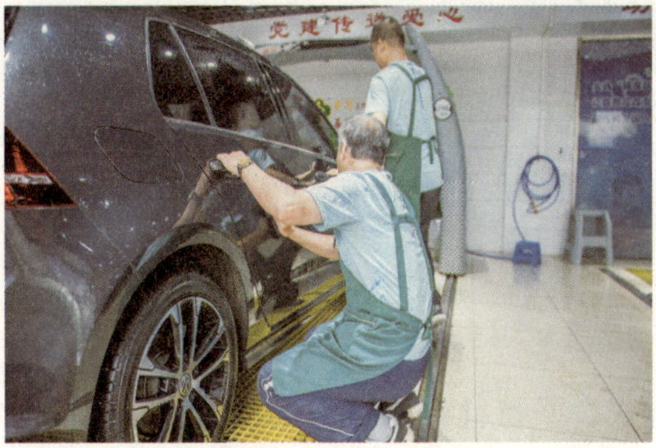

图 4—5—4 **“喜憨儿”洗车进行时。**

9899 辆（次）洗车服务，从业智力残疾人的人均收入达到最低生活保障标准，“喜憨儿”党建平台成为玉祁街道、社区的党建服务基地，社会助残资源的吸附力越来越强，为残疾人提供服务的群体越来越大，为新时代文明实践活动激发了新动能。党建的融入明显提升了从业智力残疾人的社交礼仪、人际沟通、互帮互助、文体娱乐、生活自理自律等综合能力，帮助他们从单纯的“社会服务的接受者”，转变成长为能够回报社会的“服务提供者”。

（无锡市残联供稿）

促进残疾人文创产业就业

山东省以政府购买服务的方式，坚持社会化、市场化道路，积极促进残疾人文创产业就业。济南市槐荫区的“荔枝花开”公益助残品牌和平阴绿泽画院模式，充分诠释了这一发展理念，实现了残疾人高质量就业创业。

一、“荔枝花开”品牌带动残疾人文创产业就业

荔枝取“励志”谐音，寓意残疾人像荔枝一样，虽然外表不尽完美，但内心晶莹剔透、甘甜馨香。在党和政府和社会各界的共同努力下，残疾人共享阳光雨露，花开灿烂，结出累累果实。

山东世博华创动漫传媒有限公司（以下简称“世博动漫”）创立于2003年，是山东动漫行业领军企业和国内知名动漫企业，首批“全国残疾人文化创意产业基地”。山东省济南市槐荫区残联和“世博动漫”联袂打造“荔枝花开”公益助残品牌，十余年来累计培养了300余名残疾人，帮助和辐射带动了200多人就业，在全省建立了30个“荔枝花开”工作室，各工作室平均年收入达到6.48万元。

图4—6—1 “荔枝花开”Logo.

“荔枝花开”通过“培训+工作室+电商”模式、“532”运营模式来

支持残疾人参与文创产业。“5”是五位一体，即政府支持为先导，就业创业为引擎，产业公司为平台，工作室为依托，市场运作为主体；“3”是三个对接，即专业和产业对接，创作与市场对接，作品与产品对接；“2”是两翼驱动，即省残联侧重于事业，采取政府购买服务的方式委托世博动漫开展系列工作；公司侧重于产业，为优秀残疾文创人才建设工作室，开展职业培训、产品研发和市场运作。

兰珍妮1岁时因病致聋，她自幼学习绘画，2007年考入中央美术学院国画专业。2013年，兰珍妮加入世博动漫。2019年，公司为她成立了“荔枝花开”国画工作室，她参与各种重大项目的前期动画制作，业余时间承担“荔枝花开”公益助残品牌的教学任务，义务培养培训残疾文创人才。

林开开幼年因病致聋，自幼就拜民间老艺术家为师，系统学习美术创作，进入山东省工艺美术学院后跟随周成标教授研习美术。虽然他的

图 4—6—2 “荔枝花开”公益助残品牌采取工作室化教学模式，听障画家、漫画师兰珍妮正在教授学员水粉技巧。

图 4—6—3 林开开漫塑作品《李清照》。

世界没有声音，但他借助手中的画笔将无法听到的世界用色彩放大、重现并升华。绘画，成了他无声世界里最美妙的语言。在“荔枝花开”工作室，他创作完成了“齐鲁圣贤系列漫塑作品”，渐渐赢得社会和市场

的认可。林开开还参与了志愿助残服务，承担了“荔枝花开”公益助残品牌的教学任务，利用工作室化教学模式，培养、培训残疾文创人才。

2020年，新冠疫情突发，全省30个“荔枝花开”工作室的百余名残疾文创人才投身战“疫”，创作出两百多件抗疫作品，得到了上百家公众号和主流媒体的点赞转发，总点击量突破千万。2021年东京奥运会期间，“荔枝花开”工作室兰珍妮手绘的《漫画奥运·中国荣耀》系列漫画走红网络，点击阅读量迅速过亿；残奥会期间，“荔枝花开”又精心策划了“为残奥冠军画像”活动，肢残漫画师丁姣的《荔枝花开·中国骄傲》残奥会冠军系列漫画一经发布，就引起了社会各界的强烈反响，据不完全统计，阅读和点赞量已逾2亿人次。

2020年10月，世博动漫承办了“华东地区残疾人文创作品展”，并成立全国残疾人文创就业联盟，发布《促进残疾人文创就业济南共识》，还将在兰州、西安、郑州等黄河流域中心城市建立“荔枝花开”运营中心，将“荔枝花开”品牌推广到更多地方，构建“互联网+”背景下的新型残疾人文化创业就业服务平台。

图4—6—4　兰珍妮奥运冠军漫像系列。

图 4—6—5　肢残漫画师丁姣手绘《荔枝花开·中国骄傲》残奥会冠军系列漫画像阅读和点赞量已逾 2 亿人次。

二、绿泽画院平台：助力残疾人体面就业、尊严生活

平阴绿泽画院有限公司 2010 年在山东省济南市平阴县孔村镇正式成立，主要从事油画、水彩画和丙烯画的创作、临摹及销售。自 2013 年起，县残联与绿泽画院联合开展残疾人文化产业培训就业创业项目，已累计培训残疾人 728 名。现在在绿泽画院工作的残疾人有 110 余人，实现了体面就业、尊严生活。2019 年 5 月，绿泽画院建成山东省首家以残疾人命名的美术馆“绿泽残疾人美术馆”，荣获“国家级残疾人文化创意产业基地”“全国助残先进集体”荣誉称号。

绿泽残疾人美术馆坚持以“双零双因”，即“零基础入学、零距离就业”和“因材施教、因人设岗”为原则接收残疾人，根据残疾人的个体情况，

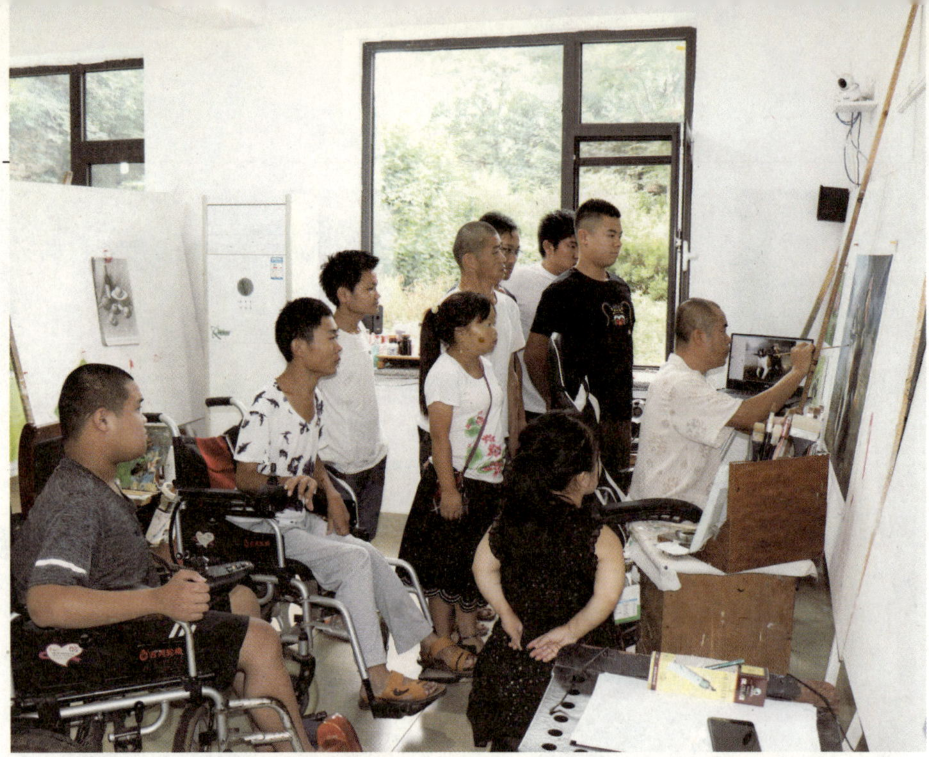

图 4—6—6　平阴绿泽画院有限公司油画老师培训残疾人学员油画技能。

图 4—6—7　为展售残疾人员工手工作品投资建设的绿泽残疾人美术馆。

设定培训内容、培训周期，将油画、石雕、制香、制陶、纸艺、电商等六大产业项目和残疾人就业需求、技能培训、实现就业等结合起来实行闭环管理，与培训合格的残疾学员签订劳动合同，在基地直接就业，按国家规定为他们缴纳“五险”，成为残疾人培训就业一体化的就业直通车。目前，绿泽画院累计培训残疾人 728 人次，安置残疾人就业 128 人。

绿泽画院优秀画师孙国栋因脑瘫导致肢体活动障碍，在县残联的推荐下到画院参加培训学习。画院老师从画最简单的线条开始手把手地教他，他也努力克服肢体活动障碍，一点一滴地学习和进步。如今，他不仅熟练掌握了绘画技能，实现了自食其力，还成为远近闻名的油画师，

图 4—6—8　平阴绿泽画院优秀画师孙国栋作品——古典花卉。

作品常被客户点名预订。2016 年 12 月，他的作品《事事平安》入选由中国残联、全国政协书画室共同主办的“放飞梦想，共奔小康——首届全国残疾人书画展”。

2021 年，依托画院举办的绿泽残疾人托养中心正式揭牌营运，目前有 32 名残疾人接受托养服务。画院还将重点开发以平阴玫瑰为依托的残疾人高端文创产品，依托政府对玫瑰产业的支持，创建“平阴玫瑰 + 残疾人公益”品牌，大力发展残疾人文创旅游，不断延伸产业链条，做大产业集群，积极吸收当地及周边地区的残疾人从事文旅事业，争做国家级残疾人文化创意产业百年基地，助力更多残疾人过上美好幸福生活。

（山东省残联供稿）

残疾预防工作新路径

自2016年全国残疾预防综合试验区创建试点工作启动以来，安徽省广德市、马鞍山市花山区、宿州市埇桥区和阜阳市颍州区，严格对照《全国残疾预防综合试验区创建试点工作实施方案》和《全国残疾预防综合试验区重点干预项目工作实施办法》规范要求，扎实推进试点创建工作，重点干预项目完成情况始终走在各试验区前列，积极探索了如何在中西部欠发达地区开展残疾预防工作新路径。

2021年9月要开学了，家住阜阳市颍州区的小怡开心地抚摸着新书包，憧憬着跟别的小朋友一起快乐地开始幼儿园生活。她是足月顺产儿，出生时未发现明显异常。在0—6岁儿童残疾筛查与诊断中发现：小怡双下肢不等长，右侧下肢较左侧下肢短，右侧下肢活动时髋关节有弹响，双膝关节不等高。为确定髋关节是否脱位，医生立即为小怡开具髋关节B超检查以协助诊断，并将临床检查情况与超声科医师及时沟通。髋关节图像及测量提示："右侧IB型，左侧IB型。"医生建议要及时跟踪进行儿童髋关节筛查。小怡3个月时，村卫生室家庭医生来给孩子做儿童筛查，这是区残联残疾预防项目，目的是及早发现孩子身心方面存在的问题，进行重点干预。家庭医生告诉小怡的妈妈，应尽快带孩子去阜阳市第六人民医院（区0—6岁儿童残疾筛查与诊断定点医院）进一步筛查、诊断。

阜阳市第六人民医院对小怡进行了儿童髋关节筛查和登记，嘱咐给小怡增加营养，保持髋关节的蛙式位，3个月后再来复查。就这样，小怡45天未通过，3个月未通过，6个月还是没有通过，每次都被评估为复筛阳性。随后，阜阳市第六人民医院给小怡正式诊断为双侧髋关节发

图 4—7—1 残疾预防知识进校园。

育不良，并为小怡的妈妈和家人进行了髋关节知识普及。

经过两个半月的干预治疗，小怡再次来到阜阳市第六人民医院复诊，体检结果较前有了较大程度改善：双下肢等长，右侧髋关节活动弹响消失。复查髋关节 B 超显示："右侧Ⅱ b 型，左侧Ⅱ a 型"，结合症状提示髋关节恢复良好。听到这个结果，小怡的妈妈抱着小怡激动地大哭起来，拉住医生的手不停地感谢："谢谢你们！是你们的细致检查，才让我孩子的病能早期发现、早期干预、早期治疗！你们是我们全家的大恩人。"

小怡是颍州区残联创建试点工作的成功典型。对儿童残疾症状做到早发现、早干预、早治疗、早恢复，对减轻儿童痛苦及其家庭和社会负担具有重大的现实意义！小怡可以像其他健康的小朋友一样，开启自己美好、灿烂的童年生活了。

"十三五"以来，安徽省积极贯彻《残疾预防和残疾人康复条例》，大力实施残疾预防行动计划，结合全国残疾预防综合试验区创建工作，先行先试，大胆创新，在构建残疾预防长效机制、重点干预项目实施、探索全流程闭环服务等方面，积累了宝贵的创建试点经验。

1. 构建长效机制“一条线”，加强保障巩固成果

残疾预防，久久为功，不是一日一时能够完成的，需要构建政府牵头主导、职能部门担责、残联组织主动作为的残疾预防长效机制，总结、巩固、推广残疾预防综合试验区创建试点工作成果。一是政策培训上下一条线：依托省残疾预防综合试验区创建试点工作专家技术指导组和各试验区残疾预防工作领导小组，每年开展相关项目管理和技术实施培训，省级培训到各试验区，各试验区组织开展二级培训，确保各项目的实施任务和指标要求，上下一致，不打折扣，覆盖到残疾报告制度具体实施的村、社区。二是部门联动左右一条线：每季度召开一次试验区残疾预防工作领导小组联席会议，打通部门协调堵点，建立横向联动机制，齐抓共管，通力协作，现场调度解决创建试点工作的困难和问题，推动创建工作走深走实。三是督查考核前后一条线：省残疾人康复工作办公室每年度全覆盖督查三次以上，反馈指导各试验区开展各项试点工作，及时盯紧年度目标任务序时进度。各试验区将创建试点工作纳入年度政府绩效考核体系，年初有计划，年中有调度，年底有考核，始终保持高位推进，压茬落实，确保重点干预项目每年度目标任务顺利完成。

2. 推动政策覆盖“一张网”，抓关键务求实效

残疾预防关口前移，重心下沉，关键是要建立覆盖目标人群不留死角的残疾预防“一张网”。一是确保重点筛查人群全覆盖：推动卫健、残联、公安、民政等相关职能部门协作，找准每一个高危孕产妇、残疾儿童、高龄失能老人等重点人群，积极开展全面筛查，确保每年度户籍人口拉网式普筛至少开展一次。二是确保宣传教育活动全覆盖：制定每年度宣教活动实施方案，充分利用各种形式、载体广泛开展残疾预防宣传，借助“两微一端”等新媒体力量，促进残疾预防核心知识宣传“进社区、进家庭、进校园、进机关、进企业”全覆盖。三是确保残疾预防生命周期全覆盖：残疾预防不仅要从生命的源头抓起来，还要关注全生命周期的预防防控，对生命全过程负责，形成一个“终生预防残疾”的完美闭环。

3. 解决项目落地“三大难”，“接地气”推崇首创

推动残疾预防重点干预项目实施，在基层落地落实有三大难点：外出务工流动人口多，难以找准筛查对象；县区三甲医院缺乏，难以具备项目实施医疗资质；地方财政供给紧张，难以持续保持项目配套资金投入力度。一是“请回来”，允许异地产筛、儿筛对象回户籍地享受项目补助：埇桥区、颍州区针对人口基数大、外出务工人员众多、筛查对象不固定、流动性强的特点，创新政策，允许产筛、儿筛对象持有外省三甲相关资质医院的诊断报告，回原籍经诊断机构鉴别登记后，享受与户籍地常住人口同等重点干预项目补助，保证了残疾预防筛查对象的准确性、完整性和科学性。二是“送出去”，主动作为，跨省打通医疗合作“绿色通道”：广德市地处皖东南苏浙皖三省交界，县域内缺乏三甲医院，不具备开展无创 NIPT、羊水穿刺等高水平筛查诊断手段，广德市借力长三角一体化发展东风，跨省寻求和浙江省人民医院、湖州市妇幼保健院建立合作伙伴关系，全免费转介外省，开通产筛跨省“绿色通道”，全方位服务筛查对象。三是“引进门”，大胆创新，引入社会资本，共建公益事业惠民生：颍州区地处皖北，脱贫攻坚任务重，财政供给压力大。颍州区解放思想，打开大门问计于民，积极引入民营社会资本力量，与华大基因公司合作，为全区符合筛查条件的孕妇进行免费无创 NIPT 服务，经费总投入 1435 万元，筛查 19770 人，诊断和补助 1346 人，政府出“小钱”，撬动民营“大资本”，群众得到“大实惠”。

4. 探索闭环管理“三模式”，分地域精准施策

安徽地跨江淮，南北县情、民情差异显著，残疾预防创建尤其是打造全流程闭环管理，不宜“一刀切”，适合分地域、分种类精准施策。一是探索“广德模式”，财政兜底，打通全流程，政府管到底：广德市将试验区创建工作纳入每年度政府民生工程，保证政府配套投入连续 5

图 4—7—2　开展残疾预防宣传教育活动。

年 80 万以上持续不断，打造“产筛异常追踪结果 + 儿筛异常转介康复救助 + 成人残疾建立报告制度转精准康复服务”全流程闭环管理，全流程免费，调动群众主动参与项目实施。二是探索“花山模式”，复筛、诊断、转介一体化，信息共享“一本通”，全流程服务“一站式”：花山区充分利用区域内拥有一家三甲医院的优势，将产筛、儿筛的复筛、诊断机构全部放在马鞍山市妇幼保健院，筛查对象在同一天、同一栋楼就可以办好产检复筛、诊断，儿筛复筛、诊断、转介康复救助，残疾评定诊断检测，并将筛查对象各项数据报表集合成一张整表，方便信息互通互享，实现资料存档备案“一本通”，服务流程“一站式”，方便残疾人群众“最多跑一次”。三是探索“埇桥模式”，卫健、残联合作“找到人”，专业机构诊断“转介人”，康复救助免费“服务人”：埇桥区总人口 190.7 万，是全国人口最多的县级区，筛查难度大，采取卫健系统常态化普查和残疾人专职委员入村走访相结合的“两条腿走路”方式，精准找到筛查对象，并推送至定点诊断机构开展产筛、儿筛和残疾评定，根据结果转介开展免费康复救助和精准康复服务，实现发现、干预、转介、救助全流程闭环，打造“凡孕必检，凡需求必救助”的残疾预防新格局。

（安徽省残联供稿）

“五彩鹿”：呵护孤独症儿童

根据历年《中国孤独症教育康复行业发展状况报告》（简称“行业报告”）的研究数据，我国孤独症发生率达到1%，与国际上流行的发生率预估持平。行业报告第三版提到，孤独症人士里面，轻度障碍者占比约为10%，这个群体经过科学干预后能独立生活、融入社会、参加工作；中度占比约为70%，经过干预，往往能实现生活自理，理解一定的社会规范，在有限辅助下独立生活、庇护性就业；重度占比约为20%，则需要依靠家庭或机构养护，完全生活自理成为一种“奢求”。从趋势上看，孤独症的发生从最初的“罕见病”演变成“常见病”“流行现象”，也就是近些年的事情，而且，“病因不明”、没有“特效药”，是必须正视的一个巨大挑战，这个人群的康复和未来生活质量的提升也成为世界性的难题。

在党和政府的领导下，在各级残联的支持下，五彩鹿儿童行为矫正中心（以下简称“五彩鹿”）秉承“悦纳”孤独症人群、坚持早期科学干预的初心，坚守“干预早、进步大、挽救一个家”的信念，通过十七年如一日的耕耘，并结合国情，将国际先进理念和技术进行本土化，积极开展教育康复实践，服务和帮助了上万名孤独症孩子及其家庭，其中很多孩子通过科学干预得以正常进入幼儿园或学校接受教育，进步效果显著。

“五彩鹿”的名字是孙梦麟的创意。鹿，象征着自然和谐，她希望社会像五彩神鹿那样呵护这些患有孤独症的天使，希望他们像小鹿一样在色彩斑斓的环境里欢乐雀跃、茁壮成长。

一、执着的创始人

2004年新年伊始，多年留学海外的孙梦麟受朋友之邀，参加了一所医院举办的元旦聚会，第一次接触了孤独症儿童这个群体。几十个孤独症孩子参加聚会活动，有一幕情景深深地刺痛了孙梦麟的心，直到现在也难以忘怀：一位满脸皱纹、温和慈祥的老奶奶弯着腰，为一个六七岁的小男孩儿动情地唱一首歌谣，努力地希望与孩子互动，可是，小男孩儿瞪着一双显得空洞的大眼睛，一直面无表情，仿佛听不到奶奶的呼唤。身为母亲的孙梦麟内心受到了极大的震撼，顿时涌出一个想法：我要帮他，帮助这个孩子听到亲人的呼唤。

真正将孙梦麟引入孤独症救助领域的是两位教授，也是行业翘楚：北京大学第六医院的杨晓玲先生和辽宁师范大学的孙敦科先生。当年，国内对孤独症的研究还很不成熟，患儿在医院确诊之后，无法得到进一

图 4—8—1　耶鲁大学音乐学院院长 Robert Blocker 先生访问“五彩鹿”并讨论合作事宜。

步有效治疗。杨晓玲教授与孙敦科教授一直想成立一个机构为孤独症患者提供更多帮助，只是一直缺乏资金，也没有合适的合作对象。与孙梦麟结识后，两位教授认为找到了合适的人选，并向她发出了合作的邀请。

从全职太太变成全职公益人，孙梦麟感觉到被人需要是一种幸福，为了这份幸福，她选择“拼了”。没有资金，孙梦麟就到处筹款，动员了所有的亲朋好友；没有训练老师，就想方设法寻找特教专业、师范专业的毕业生和具有教师资质的社会工作者。当时，社会上对孤独症知之甚少，孙梦麟必须向应聘者讲述孤独症基本知识、治疗的形势和患者家长、家庭的种种困境，总是滔滔不绝，希望用真情打动每一个应聘者。北京寸土寸金，想找到一块合适的训练场地真是太难了，孙梦麟到处奔走，几乎踏遍了北京市和周边的所有区县，找了好多地方，但不是价格高得无法接受，就是地处偏远，环境不宜。实在没办法了，就临时选择地处官园的“中国少年儿童活动中心”，租用了一大一小两个房间用于教学，聘了 7 个老师，第一次招了 4 个学生。

由于孤独症患儿无法融入普通孩子中去，不久，孙梦麟把“五彩鹿”搬到面临拆迁的永丰航天城，以此作为过渡场所，继续寻找更适合办学的地方。很快，机构的场地和师资力量就捉襟见肘，满足不了急速增长的需求，大量的孩子等待入园。两年间，她跑遍了全北京市，工厂、仓库、养老院，甚至还有废旧的学校和寺庙，只要觉得有一线希望，她就不辞劳苦地去探寻一趟。在驾车奔波的路上，她常常累得会随时睡着，但想到孩子们，就会打起精神。她的丈夫说：“你哪里是在工作，你是在玩命！”2007 年，她最终在顺义区找到了一所占地 30 亩的废旧小学。她四处借钱，对小学进行了全面改造，装修了教学大楼，修建了一个 1000 平方米的训练大厅。“五彩鹿”终于拥有了一个设备齐全、环境宽敞优美的训练场地，这就是现在的“五彩鹿”顺义校区。目前，“五彩鹿”已发展到全国 14 个校区、总面积 15000 多平方米、三百多位教师、可容纳 1200 名学生同时训练的规模，成为一个大型专业孤独症儿童早疗机构。

“其实，我学的是法律专业，青春年少时我就出国求学了。我有自己的房子和车子，也安于简单的生活，但我觉得自己应该为孩子们出一份力，孤独症干预已经成为我的使命和责任。”回忆十七年的经历，孙梦麟觉得，从一开始仅有一腔热情变成如今更多的是沉甸甸的社会责任感和使命感，她完成了从全职太太到全职公益人的蜕变。

二、奉献的团队

孙梦麟总是说，“五彩鹿”最宝贵的财富是老师。“五彩鹿”现有16位元老级的老师。教学总监李欣书家住房山，工作在安贞校区，每天的通勤时间需要5个小时。为了支持欣书老师的工作，她的丈夫每天早上5点钟起床，提前给她做好早饭，送她赶乘第一班进城公交车，然后再回家叫醒女儿上学，而欣书老师下班回到家里常常是晚上八九点。就这样，他们日复一日、年复一年地坚持着。赵晶晶老师家住天津，周末往返于两座城市，至今奔波了十多年。还有住河北的多位老师，也要一年到头穿梭在朝阳与晚霞之中。她们都是母亲，能够常年耐心地千遍万遍教孤独症孩子学说话，却没有时间辅导自己的孩子，常常是回家给自己的孩子读绘本的时候，读着读着就累得睡着了。

坚持还表现对技术的执着追求上。老师们为了技术精益求精，从来甘愿吃苦耐劳，刘美老师就是他们的代表。十六年前，刘美老师一毕业就来到了“五彩鹿”。同学们都觉得创业时的“五彩鹿”地处偏远、条件艰苦，但培训技术和专业性非常强，这令刘美心生向往，拖着行李从学校出来就一头扎进了“五彩鹿”。那时候的“五彩鹿”还在永丰小学分出来的一小部分教学楼，附近就是个大垃圾场，空气里弥漫着垃圾的腐败味道；老师宿舍的床铺是课桌拼起来的，冬天里窗户纸经常被吹破，

图 4—8—2 “五彩鹿”部分校区。

第二天再糊起来。这些困难都没有让老师们退缩，刘美老师说：“当时只是一门心思地想：我是来学习的，而且不是一年半载就能学好的，要踏踏实实地学习三五年，才能真正给予孩子一些帮助。”“一个人在北京，面对艰苦、孤独，不是没想过放弃，但一走进教室，一看到孩子，所有的想法都没有了，只想着怎么把孩子教好、有什么更好的方法让孩子有所改变。”“五彩鹿”当时尽管条件有限，但培训水平在当时属于国内顶尖。北京大学第六医院的医生奠定了ABA基本理论基础，2005年请来了以色列专家艾德做技术总监，后来，瑞典专家来了，美国、日本专家来了，中国台湾专家也来了……老师们像海绵一样疯狂地吸收着孤独症干预的先进技术，晚上学，白天练，琢磨着哪一种方法能够帮助到自己所带的孩子，从哪个角度给出强化物能够更好地抓住孩子的眼神，什么样的辅助动作更为有效，等等。为什么要不断学习呢？刘美老师给出的答案是：“自己的技巧有限对孩子的帮助就有限。只有不断地学习，才能给孩子更多的帮助。”刘美老师是“五彩鹿”派到美国攻读特殊教育专业硕士研究生的第一人，也是在美国获得BCBA的第一人，被朝阳区作为特殊类型的专业人才引进并享受专家待遇，被新华网评选为“中国网事·感动2016”年度网络人物。孙敦科教授是这样评价刘美老师：“我们终于有了带着泥土芬芳、闪耀着中国智慧、兼备高度理论修养和杰出实践能力的一流专家。‘五彩鹿’为她搭建了成长的平台，她则把青春和热忱全部奉献给了我国的孤独症孩子和家庭。”

许冠军老师是一位年轻的男老师，在从事这样一份对耐心要求极高的职业时又是怎样工作的呢？许老师胳膊上有一道疤痕，是一个名叫西西的孩子留下的。西西刚进入“五彩鹿”开始康复时，家长并没有如实告知孩子有严重的攻击行为，结果，许老师刚一接触西西，就被他狠狠地咬了一口。许老师并没有本能地推开孩子，而是用一只手扶住孩子的肩膀，将胳膊绷直慢慢地转动着从孩子的嘴里退出来，这样能最大程度地保护孩子的牙齿，减低攻击行为的力度，而许老师的胳膊上却留下了永久的伤痕。在“五彩鹿”，像许冠军这样带着伤痕的老师还有很多，有的是在手上，有的是在脸上，有的是在腿上……，老师们把一处处伤疤当作孩子康复进步的纪念，笑容会更加灿烂，眼光会更加温柔。

三、科学的方法

“‘五彩鹿’要使用世界上最好的技术！”这是孙梦麟的执念。

孙梦麟接受过良好的高等教育，加上多年的留学经验和长期的实践积累，让她更加笃定了这样的信念：光有爱是不够的，科学技术是教学质量的保证。

2005年，孙梦麟参加了在北京召开的一个国际“ABA”研讨会，来自世界各国的著名孤独症研究专家参加研讨。孙梦麟给自己定了一个目标，一定要找到能够帮助中国孤独症孩子和家长的世界级专家，这是把“五彩鹿”做下去的前提条件。她用心听取了所有与会专家的讨论发言和专题报告，最后选择了以色列的艾德博士。艾德博士在美国获得应用行为分析博士学位，在孤独症早期干预领域工作了三十多年，在大学里建立了自己的孤独症康复和研究中心，还是以色列“ABA”协会第一任主席，是一位既有理论知识，又有大量实践经验的合适人选。孙梦麟女

图 4—8—3　王培实团队为“五彩鹿”老师培训。

士向艾德吐露了自己致力于孤独症儿童康复、渴求先进的科学技术、帮助弱势群体的心声，并邀请艾德博士到“五彩鹿”考察。在“五彩鹿”，艾德博士被眼前的情景震撼了：他没有想到有这么多的孤独症儿童和家长需要救助，又有这样一些人在如此困难的条件下顽强执着地做着这么艰难的事情。他被深深地感动了，毫不犹豫地受邀出任“五彩鹿”的技术总监，及时将国际上最先进、有科学数据、最有效的干预方法移植到“五彩鹿”的教学中；并结合中国孤独症儿童和家长的具体情况，设计了一套行之有效的干预模式和方法以及“五彩鹿”最初的评估体系和课程体系；培训“五彩鹿”的老师，手把手地传授自己多年的教学知识和经验。

不能不提的是，同期，“五彩鹿”与美国博士级应用行为分析师、纽约城市大学皇后学院王培实教授，开始了长达至今十六年的合作。王培实教授每隔一年都带着她的研究生到“五彩鹿”，分享美国最新的干预方法；在中国开创性地开展了集体教学，特别是创新了独立班的主题教学模式；提倡动手动脑多感官刺激教学、正向教学、精准教学等。王培实教授刚来“五彩鹿”的时候，自己的两个孩子一个 2 岁，一个 5 岁。

她经常是怀里抱着一个、手里拉着一个，奔波于不同的校区。

2018 年，“五彩鹿”与皇后学院的博士级言语语言病理学家伊·佳芭教授又达成了长期合作，她帮助“五彩鹿”开发了具有独立知识产权的语言治疗师认证体系和干预模式，培养了首批具有国际资质的言语语言治疗师。

对“五彩鹿”真正产生持久影响的还有国际著名扩大替代沟通（简称 AAC）专家、挪威奥斯陆大学著名孤独症研究专家斯蒂芬 (Stephenvon Tetzchner) 教授，她 2009 年率队来访“五彩鹿”，达成了长期的技术合作，直至今日。

以色列特教和扩大替代沟通专家舒拉（Shula）对“五彩鹿”的个别化教育计划（简称 IEP）框架建设也做出了特别贡献。

十七年间，孙梦麟先后邀请了近百位来自以色列、美国、挪威、澳大利亚、英国、日本、加拿大、瑞士等多个国家和台湾、香港等地区的专家学者以及来自北京大学第六医院、首都儿科研究所、北京师范大学的专家和医生到“五彩鹿”讲学，保证“五彩鹿”所用的干预技术的科学性和先进性，帮助老师不断提高理论和技术水平。“五彩鹿”与美国纽约城市大学皇后学院、挪威奥斯陆大学心理系、北京师范大学特教中心建立了稳定的长期合作关系，这些大学的教授和研究生经常到“五彩鹿”进行技术交流和互访，常年为“五彩鹿”提供技术与理论支持。这些专家学者的加入，使“五彩鹿”能及时获得国际上的先进技术，保持在同行业中的技术领先水平。

孙梦麟自己也承认，找“外教”，资金、理念、文化都是坎儿。她反复掂量过自己的这颗“公益心”：“孩子不能等，要做就做最好！我希望帮助他们能把握自己的命运！

四、丰硕的成果

（一）建立科学干预体系

经过十七年的教学经验积累，通过借鉴国外先进技术、探索中国家长的教育干预心理，“五彩鹿”建立了符合中国国情的本土化科学干预体系，指导思想是根据悦纳干预理念，开展以孤独症谱系障碍儿童生存和发展为中心、功能性与发展性相结合的教学改革与实践；目标是发展谱系障碍儿童的社会性，增强其社会适应能力，促进其语言能力，矫治其不良行为；主要方式是科学系统地运用多种方法对社会适应性行为障碍、沟通交往障碍进行干预矫治，最大程度地帮助他们融入社会。科学干预体系包括评估体系、课程体系、督导体系、培训体系、服务体系、教学管理系统等。

（二）主要科研成果

“五彩鹿”在行业中率先成立了专门研究院，主要是引进先进技术，收集一手数据，分析实践经验，归纳相关理论，坚持循证创新，促进社会认知。

“五彩鹿”研究院从2015年起，先后组织多位海内外孤独症领域的专家，编写《中国孤独症教育康复行业发展状况报告（Ⅰ—Ⅲ）》。该行业报告的出版为大众和专业人士了解我国孤独症行业现状提供了重要参考，成为行业内引用率最高的工具书。先后翻译出版了《走出自闭——发展障碍儿童、青少年和成人的沟通辅助技术》《1001个孤独症儿童养育秘诀》《幼儿动手动脑趣味数学》等专业图书。在2017年—2021年三年多的时间里，尽管发生了全球世纪大挑战——新冠疫情，“五彩鹿”还是联合海内外30名专家，包括干预法创始人，倾力打造了《儿童期自闭谱系障碍的发展、评估与干预——国际和中国视角》（光明日报出版社，2021）一书，全面介绍科学干预方法和最新技术，为专业工作者和其他希望了解孤独症的人提供了重要的知识宝库。

“五彩鹿”于2016年—2018年引入国际上享有盛誉的鲁道夫·罗宾斯音乐治疗(NRMT),获得了国内唯一的“鲁道夫·罗宾斯中国(Nordoff Robbins China)”国际资质，2018年在北京举行启动仪式。

“五彩鹿”建立了计算机化的线上管理体系，努力开拓智能化系统去保障和完善教学质量。远程服务利用高速网络进行数字、图像、语音的综合传输，实现语音和高清晰图像的实时交流，充分发挥自己的专业技术优势，对具备条件的谱系障碍儿童家庭进行远距离咨询、评估、提供方案和进行干预，这是旨在满足不同类型谱系障碍儿童家庭需求的一项全新的服务样式。另外，“五彩鹿”的数据库积累了十七年的教学菁华，记载了中国行业发展实践的宝贵资料，非常有价值。就早期干预而言，这样的数据库规模在世界上也是很突出的。

“五彩鹿”参加了多次国际会议，发表研究论文，或介绍中国实践。从葡萄牙到加拿大多伦多、澳大利亚黄金海岸，“五彩鹿”连续参加了隔年举行的国际扩大替代沟通双年会，多次作为中国大陆的唯一代表在会议上发声。

2017年，“五彩鹿”在京创新性地举办了第一届东亚区域扩大替代沟通(AAC)大会，十多个国家和地区的专业人士与会，“五彩鹿”多位老师用英文发表了研究成果。

“五彩鹿”人还有一件非常自豪的事情：从2019年到2021年，与美国言语语言治疗专家伊佳芭教授一起，历时三年，创新了得到国际认证并拥有中国自主知识产权的孤独症语言治疗领域的治疗师认证体系和“爱尔希（ELSII）”干预体系，为行业教师的职业发展，为科学干预，做了非常扎实的基础性、开拓性工作。尤其是在目前以技术引进为主、国外行业壁垒重重、门槛常常很高，很多机构非科学干预法流行的大环

图 4—8—4　ELSII 模式语言干预金字塔。

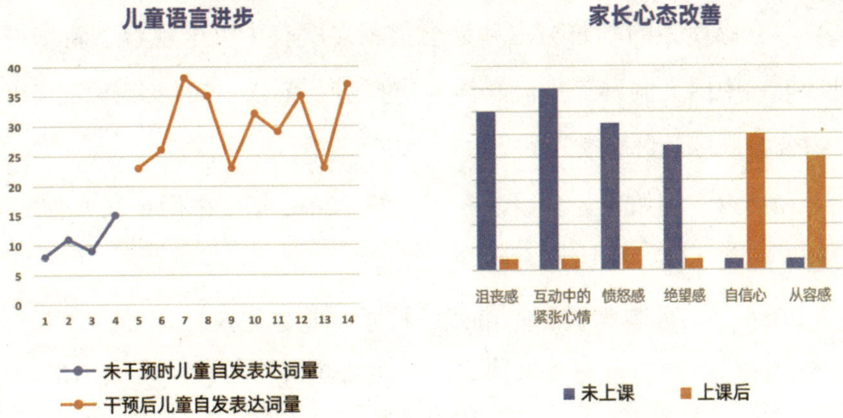

图 4—8—5　ELSII 语言课家长指导（十周）效果图。

境里，这项工作显得更加难能可贵。

就机构规模和干预效果看，很多访问过“五彩鹿”的韩、美等国和中国港台的专家一致认为，即便与西方相比，“五彩鹿”的密集干预效果、自然情境化的教学都堪称先进。“五彩鹿”作为中国儿童孤独症教育康复的领航者，持续倡导全行业“科学干预、包容悦纳”，改善孤独症人群的社会境遇。

（三）为行业输送专业人才

培训能力不足、师资短缺是孤独症康复干预领域广泛存在的问题。目前，国内还没有能培养输送可以直接上岗的孤独症特教老师的大专院校。“五彩鹿”通过自身十七年教学内容的沉淀，摸索出一套教师培养体系，至今已为行业培养输送了900多名孤独症谱系障碍方向的特殊教育老师，被誉为行业人才培养的“黄埔军校”。

截至2021年9月，“五彩鹿”已在北京、上海、徐州、西安、成都、济宁、太原、大连、重庆等地开办了14个校区，逐步辐射全国，以期为国内孤独症行业人才培养提供源源不断的动力。

（四）社会影响

“五彩鹿”的不懈努力和社会贡献多次获中央电视台、新华网、光明日报、中国文明网等主流媒体专访报道；荣获“2014年度北京市社会组织公益服务品牌金奖”。

2015年，创始人孙梦麟荣获正义网“2015年度中国正义人物”殊荣，荣登中国文明网“中国好人榜”。

2016年，孙梦麟被北京市残联授予“党建之友”称号；“五彩鹿”优秀教师代表刘美被评为第四届“首都优秀社工”，入选“中国网事·感动2016”年度网络人物。

五、探索与思考

“五彩鹿”的发展见证了孤独症教育康复行业的进步，但时至今日，这个领域仍然存在一些问题，甚至是泥沙俱下，一些不科学的教育理念大行其道，一些被证实无效的干预方法仍在使用，这使得本就焦虑又迷茫的家长容易“误入歧途”，孩子容易错过早期科学干预的黄金时期。同时，机构服务能力和社会需求之间的矛盾仍然突出，科学的教育康复理念仍然贯彻不足等。针对这些问题，出来努力为行业培养专业人才，“五彩鹿”做了一些有益的探索：

第一，科学理念为导向，科学技术为保障。“五彩鹿”能够坚持发展17年，取得非常好的干预效果和社会效益，关键在于爱的初心和科学干预理念的建立。“五彩鹿”通过多年教学的沉淀，梳理了科学干预的道术关系，正如创始人孙梦麟女士所说：道以悦纳孩子、培养孩子的自信心和兴趣为要点，以长带短；术是综合并灵活利用各种各样的科学干预技术。既尊重教育规律，又尊重每个孩子的不同，兼顾神经发展多样性、个别化的特点。要制定合理的干预目标，针对孤独症的核心障碍，重点解决孤独症的社会性问题，提升改善自闭谱系儿童未来生活质量的基础能力：一要解决生活自理能力，二要懂得社会行为规范，三要培养一技之长。学习国外先进的技术，不但要吸收其精华，还有科学创新予以本土化，形成中国特色的孤独症干预技术。

第二，希望以点带面，推动成立行业联盟。“五彩鹿”积累了大量的珍贵数据，构建了教师培训体系、教学体系、质量把控体系、家长服务体系等，愿意以合作的方式把这套体系分享出去，期望与高校、其他机构和科研院所展开合作，形成一个开放式的平台，便于专业人士和科研工作者研究发现有价值的信息。“五彩鹿”还倡导更多的基金、爱心企业、爱心人士联合起来，广泛联系社会力量，共同实施公益计划，救助贫困的自闭谱系障碍儿童及其家庭，共同向政府相关部门呼吁，推动针对孤独症群体的保障计划，为提高孤独症人士的生活质量、获得有尊严的生活而努力。

第三，关注融合教育，重视生命全程。

早在2017年发布的《中国孤独症教育康复行业发展状况报告（Ⅱ）》中，“五彩鹿”就针对孤独症的不可治愈、需要终生干预的特质，以生命全程的视角，系统阐述了救助孤独症人群的理念和方法，倡导孤独症教育康复需要从早期筛查、早期抢救性干预训练、融合教育、庇护性就业、养老等生命全程建立体系性的支持。

为了帮助孤独症儿童更好地融入社会，唤起更多人士真正重视融合教育，“五彩鹿”与徐州幼师幼教集团合作向全国推出围绕孤独症的一站式服务，推进专业干预技术在幼儿园落地，促进融合教育落到实处。

中国残联主席张海迪调研“五彩鹿”时，希望“五彩鹿”百尺竿头更进一步，发挥更大的社会作用。“五彩鹿”决心不辜负领导的殷切嘱托，努力为建设社会主义现代化国家继续奋斗。

（李艳茜、任越、刘勇供稿）

“希望之家”：活出轮椅上的精彩人生

脊髓损伤者（简称“伤友”）是各种意外如车祸、跌落和疾病等原因造成脊髓神经受损的患者。他们受伤后不仅要面对终身瘫痪，同时要承受压疮、大小便失禁、幻觉痛等数十种并发症，是肢体残疾人中最痛苦、最困难的群体之一。目前，全世界对脊髓损伤尚无有效的治疗方法。根据医学期刊《柳叶刀》发布的最新数据，我国脊髓损伤者超过370万人，每年新增患者约9万人，受伤年龄基本集中在20—40岁之间。如何通过合适的康复手段，在伤友们结束临床医疗后，帮助他们重建生活能力、回归家庭和社会，是迫切需要解决的问题。

一、脊髓损伤者“希望之家”的由来

2009年，中国肢残人协会借鉴台湾地区经验，在全国率先提出了“脊髓损伤者中途之家”的新型康复模式——由各级残联负责组建、各级肢残人协会参与、社区康复机构或其他机构实施运作，为脊髓损伤者提供适宜的康复训练和服务。

2009年，在中国肢协的推动下，中国残联开始在上海、浙江、河南、江西三省市的10个地市（区）开展“脊髓损伤者中途之家”试点工作。2012年为进一步鼓励推广希望之家建设，中国残联将把“中途之家”纳入“十二五”残疾人社区康复服务工作，并在石家庄、南昌等8个地市，重点扶持“中途之家”发展。

图 4—9—1　2021 年 5 月 19 日，中国残联主席张海迪到北京市顺义区残疾人“希望之家”、中国肢协脊髓损伤者生活重建培训示范基地看望慰问残疾人。

2014 年，中国肢残人协会在北京市东城区成立以伤友自我管理为主导，以同侪服务（伤友服务伤友）为主要模式的“中途之家”。通过 7 年时间，从最初的 4 名工作人员，发展到目前专兼职 36 名，其中伤友 28 名；服务对象从最初的 30 多名伤友到现在的上千名伤友；创建了“脊髓损伤者生活重建训练”“耳麦下的新生”“金种子培养计划”“全国无障碍通用设计研修营”“无障碍出行手册”等多个品牌项目；探索出从伤友志愿服务—民办非企业单位—基金会—社会企业—学习发展网络的社会化发展之路，也实现了由“自助”到“助人”、再由“助更多的人”到“影响群体和社会”的发展壮大。2017 年 4 月，在中国残联主席、康复国际主席张海迪的亲切关心下，“脊髓损伤者中途之家”更名为“脊髓损伤者希望之家”，简称“希望之家”。2019 年被国务院残工委授予“残疾人之家”荣誉称号。

二、北京东城“希望之家”的社会化运作

1. 一切源自爱的力量

北京东城脊髓损伤者希望之家的 4 位发起人，均是后天遭受脊髓损伤重创后又绝地重生的伤友。机构负责人唐占鑫 2004 年完成了德国的硕士学位，就在即将回国的前一天，因为车祸造成了高位截瘫。在经历 4 年的自我封闭后，唐占鑫慢慢通过摸索实现了生活自理。她回归社会后发现，还有很多人因为各种意外也遭受了脊髓损伤，正承受着与她一样的痛苦，就立志要用自己的知识和经验去帮助他们。2013 年，她遇到了 3 位有同样心愿的伤友：因车祸致残的李昕、在摩托车训练中受伤的李炳楠和因脊髓瘤瘫痪的杜鹏。他们一起给北京市长信箱写了一封信，建议由政府出资，给脊髓损伤者配发卫生物品。北京市经过调查核实，几个月后就制定了相应的政策，许多两便失禁的脊髓损伤者可以免费申领纸尿片、纸尿裤等一次性卫生护理用品。从那一刻起，唐占鑫和小伙伴们真切感受到了党和政府就在身边，时时刻刻关心爱护着大家；也更加坚定了依靠党和政府解决伤友各种问题的决心。

2. 成立“民办非企业单位”，从伤友志愿活动转变为专业的“自助、互助”

2013 年 10 月，一个很巧合的机会，中国残联副主席吕世明向唐占鑫介绍了“中途之家”公益项目。得知这个项目会有政府支持的时候，唐占鑫和小伙伴们动心了。她们毅然放弃了收入还不错的工作和稳定舒适的生活，经过近五个月的筹备，在中国肢残人协会、北京市残联和东城区残联的支持下，2014 年，成立了北京市第一家由伤友自我管理，以同侪服务为主要服务模式的伤友俱乐部——北京东城区脊髓损伤者“中途之家”，简称东城“中途之家”。

图 4—9—2　东城“希望之家”组织开展无障碍坡道体验调研活动。

东城“中途之家”成立不久，4 位创始人就认识到，不能继续仅仅依靠自己的热情、理念和个人经验开展工作了，必须进入专业轨道。他们在东城区残联资金和场地的支持下，先建起了上千人的伤友信息数据库，展开了大量的入户、电话、网络等形式的需求调查活动。调查发现，伤友的需求主要围绕二便管理、生活自理、就业创业、辅具适配、无障碍环境等问题产生。然后，他们根据需求查阅了世界卫生组织等机构的几十万字资料，结合中国脊髓损伤论坛上万名伤友的康复经验，翻译完成了中国第一本《脊髓损伤者生活自助手册》，帮助伤友自行学习一些生活自理技巧。接着，他们又自费赴台湾学习，在汲取台湾 20 多年脊髓损伤者重建训练经验的基础上，设计了具有中国特色、以“同侪服务”为核心的“脊髓损伤者生活重建训练”模式，简称“生重训练”。这个训练主要针对完成了医疗康复的伤友，通过短期与生活相关项目的康复训练，如轮椅技巧、生活自理、健康教育、社区居住、社会适应等，习得从医疗到回归家庭和社会所需要的各种生活自理技能，实现生理、心

图 4—9—3　东城“希望之家”组织伤友开展绘画练习。

理的全面康复，最终回归家庭和社会。

“生重训练”营得到了北京残联的支持，2015 年被列为政府购买服务项目，第一年就培训了 50 名伤友，其中 95% 的伤友都实现了生活自理。有些伤友几十年都没有走出过家门，起床穿衣都需要别人照顾，甚至多次尝试自杀，经过训练，基本实现了生活自理。

东城“中途之家”通过“生重训练”的运作，不仅逐渐积累了一套能够真正解决伤友生活不能自理问题的训练项目模式，培养了伤友康复训练员团队，组建了专家与志愿者的支持团队，还获得了稳定的资金来源。2015 年 9 月，民办非企业单位——北京新生命养老助残服务中心在北京市民政局登记注册，这是东城“中途之家”迈向社会化运作最关键的一步。

从此，东城“中途之家”通过“民办非企业单位”形式积极参加北京市各级残联的政府购买服务、委托服务，得到了资金和场地的支持。至今，东城“中途之家”已经为北京市 500 多名伤友提供了“生重训练”，

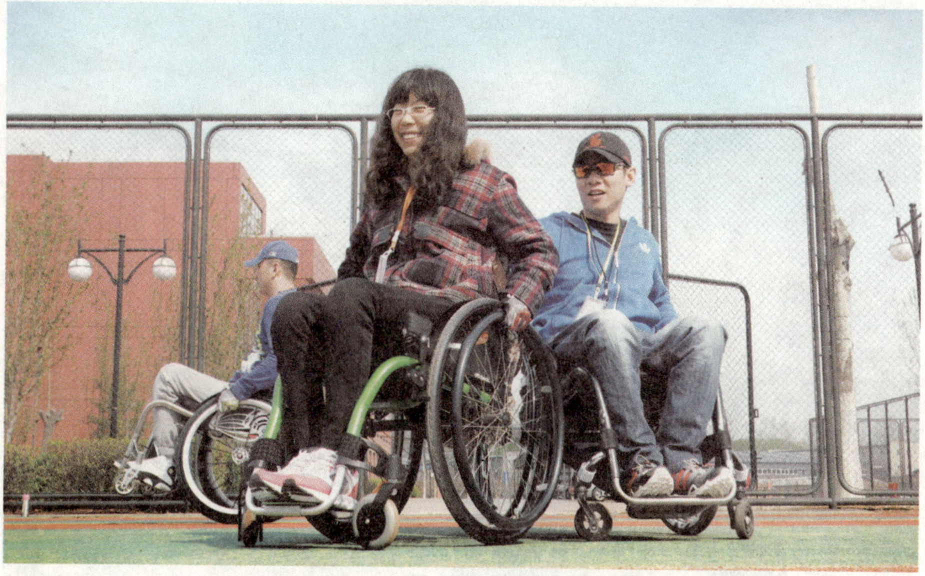

图 4—9—4　组织伤友开展生活重建训练。

为 1500 多名残疾人提供了职业技能培训，编写了《无障碍出行手册》系列丛书（包括地铁篇、市级公园篇、酒店和商圈篇等），并积极参加了北京市无障碍三年专项整治行动的技术服务和冬奥会、冬残奥会的各项准备工作。这些服务、培训等项目，不但为伤友家庭直接节约护理和医疗费用 13.5 亿多元，也为残疾人走出家庭、融入社会提供了保障。

3. 成立基金会，整合社会资源

随着北京许多伤友接受服务后的蜕变，全国各地伤友纷纷报名，需求人数不断增加，需求内容也越来越多，如职业发展、社会回归等，这时就需要一个更大的平台来帮助更多的伤友、协助脊髓损伤相关机构科学规范发展，推动整个社会对脊髓损伤的认识。2016 年 9 月，国内第一家关注脊髓损伤人士的基金会——北京新起点公益基金会应运而生。

成立基金会是希望通过整合资源，为更多的脊髓损伤者提供更专业的服务，进一步扩大服务范围，实现伤友从“自助”到“助人”的转变。同时，通过基金会这个平台将好项目标准化，再推广出去，实现帮助更多伤友的目标。

“金种子培养计划”：在全国范围内培养有自理能力、有意愿为残障群体付出的伤友，让他们去服务更多的伤友。从2017年起，基金会通过整合中国残联康复部、中国肢残人协会、社会爱心人士和爱心企业的力量，至今已在全国29个省（自治区、直辖市）培养了328名“金种子”——伤友康复训练员；为生活重建训练的推广，编写了《脊髓损伤者生活重建培训指南》，形成了团体标准，并拍摄了配套的教学片“轮椅转移技巧和二便管理”；在北京顺义建成了脊髓损伤者生活重建培训示范基地。

“全国无障碍通用设计研修营”：在全国范围内培养有自理能力、有意愿投身到无障碍环境的推动和建设工作的残疾人，成为无障碍环境的体验员、督导员和倡导者。从2018年起，至今已培训了39名残疾人，除了参加了雄安新区、大兴机场等国家项目无障碍环境的督导和体验，其中4位还被冬奥会和冬残奥会组委会聘为无障碍设施体验员。

为了更广泛更深远地影响社会和肢残人群体，基金会和中国肢残人协会合作，每年9月5日（国际脊髓损伤关注日）都会在全国范围内开展线上和线下活动，呼吁政府和社会大众加强脊髓损伤预防、关注脊髓损伤者的生活，通过政策和服务保障为他们创造包容的社会环境。同时，积极动员广大伤友参与社会活动，2019年举办了“向建国70周年献礼”活动，2020年号召组织全国上百名伤友参与“做最硬核的自己——新的起点、绽放了自己”视频展示活动。

4. 成立社会企业，打造自我造血渠道

随着基金会项目和活动的不断增加，为了获得持续的资金支持，解决伤友创业就业问题，鼓励伤友投入公益事业，2017年4月，基金会和社会爱心人士投资成立了社会企业——北京爱心从越无障碍科技发展有限公司。

目前的一个主要业务是中国肢残人协会与中移在线服务公司合作的众包呼出业务——中移在线发布业务，伤友会员通过平台抢单的形式在

图 4—9—5　伤友正在进行在线抢单外呼工作。

线完成业务并获取相应的劳务报酬。公司成立至今，共有伤友会员 1000 多名，其中，日活会员达 150 人，月平均工资 5000 元，最高可达 8000 元。2017 年 7 月，唐占鑫通过视频向李克强总理报告了项目运作成果，2020 年作为优秀典型项目入选《破解因残致贫的中国方案》。除了在线外呼项目外，在伤友创业和就业项目方面，公司还尝试了大数据标注、伤友文创工作室甚至直播等。

2020 年底，通过以上三个机构的整体运营，东城“希望之家”的收入从原来的 100% 来自政府，到现在降至 50% 左右来自政府和社会捐赠、50% 来自商业，商业成功地反哺了公益。至此，由“民办非企业单位”做标准、基金会整合资源、社会企业自我造血支持可持续发展、社会爱心个人和爱心企业帮扶组成的“三位一网”——“北京新起点公益”运营模式正式形成。

5.“一条路径 + 两块基石”项目的发展模式

“北京新起点公益”的社会化发展，不仅为伤友建构了一条完整、微卓越式的生命回归路径，也以此为核心形成了一套具有较高专业保障的成熟的项目发展模式，为社会化发展提供了重要的支撑。

“一条路径”：

指伤友从最低点到最高点的完整发展脉络，主要分为五个大阶段：一是接纳残酷的现实和伤残的自我，心态归于平和；二是通过 28 天或 48 天的生活重建训练营进行体能、移位技巧、生活自理、出行技能等训练，以及伤友圈子的社会交往训练与活动等；三是从生活重建训练营中走出来，进入更大范围的人群和社会，参与各类社会活动、人际交往，或是找到一个工作岗位；四是个人或团队共同创业，建立一份事业，并与自己的生活结合起来，既有经济收入，又拥有自主性与成就感；五是完成对自我的重塑，以充满能量感、自信自强的状态回归社会，进而为更多的残疾人和社会服务。每个阶段又分为若干个具体清晰的小步骤、小目标。

“两块基石”：

一为温暖与发展共同体。这个共同体指的是一批已经走出困境且还在不断发展的伤友训练员，也包括一群正处于回归路径不同阶段的受助伤友，伤友训练伤友、伤友陪伴伤友、伤友服务伤友。这是具有双重功能的共同体：一面是温暖共同体，在这里非常之温暖、环境友好、接纳，痛苦和难言之隐被理解、被感受，每一次锻炼需要付出多大的努力和辛苦能够被感知，每做好一个动作能够被认可、被喝彩；另一面是发展共同体，即使会抱头痛哭，但痛哭之后绝不是一起伤感或互相抱怨，而是处于回归路径前端的伤友们示范着努力以及努力之后的收获与成就，传递信心、力量、知识和技巧，不断追求新的目标，共同寻求发展。

二为科学完善的康复课程体系。深入、系统地学习、引入先进经验，因时因地制宜的本土化实践，使得伤友的生命回归路径特别是生活重建课程训练有着科学完善的康复知识体系予以支撑，并经过伤友们亲身实践、体验与修改以确保其科学性与实用性。

结束语

东城“希望之家”从筹建到挂牌至今七年了，与全国116家“希望之家”已形成了公益性互助型支持网络。

如今，在这里，“生活重建、职业重建、社会重建”已不是简简单单的口号，而是承载社会大爱的信念和行动。一张张绚烂的蓝图正在勾勒，一个个创业就业平台正在铺就，一项项汇聚伤友智慧的科研列入计划，一个个政府购买服务项目落地成行……

如今，在这里，众多媒体的报道如春风化雨，感召心灵。中央电视台、北京电视台、《人民日报》等70多家媒体，上百次的报道，赢得了大量的社会支持和响应。

如今，在这里更多的伤友看到了生活的希望，活出了轮椅上的精彩人生。康复国际的执委对生活重建项目赞叹不已，要把同侪服务的做法、中国式的社区服务推向世界。

如今，在这里，小伙伴们自主行动，幸福回归，家庭解放。

孙晓阳，一个学旅游、喜欢吹小号的阳光大男孩，在离大学毕业不到4个月时，因一场意外车祸导致高位截瘫，两手无力，生活要靠家人照料，再也没有吹过小号。可当他从“希望之家”走出来后，阳光和青春又回到了他的脸上。因坐轮椅出行，他才知道无障碍与每个人的生活都息息相关，才热心投入无障碍信息采集和推广工作中，乘地铁、走商场、去公园……他说，有了无障碍，就与过去没有什么两样，可以去想去的一切地方……

杜鹏、李春宏是一对情侣，他们在“希望之家”结缘。杜鹏是北京男孩，上大四时忽发脊髓瘤，导致下肢瘫痪。李春宏是哈尔滨姑娘，2006年下班途中高速行驶的公交车车轮突然爆胎，将坐在后排的她甩了出去，造成高位截瘫。2015 年，李春宏望着九年如一日为自己操劳的父母格外心酸，决心到北京参加生活重建训练营锻炼自己。没有想到，这样不幸的两个小伙伴，却在训练营里找到了自己的幸福。杜鹏说，就在他们都想开始新生活的时候，在合适的时间遇上了合适的人，这就是缘分吧！

像孙晓阳、杜鹏、李春宏一样凝聚爱、拥抱爱、释放爱、传递爱的伤友故事在“希望之家”还有很多很多。伤友们在“希望之家”的大家庭里一起找到希望、走出孤独，重返社会、重获新生。

“完善自己、帮助伤友、服务社群、奉献社会”将会成为越来越多伤友的使命和责任。“十四五”征程已经开启，我们要以“新发展理念”为引领，高质量推进“希望之家”发展，让“希望之家”成为服务民生的亮点，成为服务残疾人康复事业的一块品牌。

（东城“希望之家”供稿）

让每一个残疾孩子都有人生出彩的机会

教育是改变残疾人命运的重要途径。办好特殊教育，让残疾人能够自食其力、自立自强，是扶贫攻坚的重要内容，也是实现残疾人小康的关键一环。

作为重庆市唯一的视障教育学校，重庆市特殊教育中心开设有学前、小学、初中、普高、职高，义务教育阶段生源涵盖全市，高中阶段面向全国招生，已形成集视障 12 年一贯制教育、康复训练和技能培训于一体的完善教育体系。学校坚持“为每一个孩子的幸福人生奠基”办学宗旨，以特色化的义务教育、品牌化的高中教育、优质化的职业教育助力残疾学生健康成长，用知识和技能改变残疾孩子的人生轨迹，用教育之光照亮他们的人生之路。学校在全国特殊教育界享有盛誉，曾获“全国特殊教育先进单位”“全国特殊教育信息化教育先进单位”“全国残疾人体育先进单位”“重庆市文明单位”“重庆市残疾人工作先进单位”“首届重庆市最可敬可亲教师团队”等荣誉称号，被市教委命名为“重庆市义务教育阶段艺术特色学校”“重庆市中小学社会实践教育基地”，并作为特殊教育学校的唯一代表在全国特殊教育工作会上做经验交流。

一、贯通培养，助力成长

学校探索建立有学前、小学、初中、普通高中以及职业高中多层次的基础教育贯通培养模式，是全国为数不多、重庆市唯一的一所同时具备普通高中和职业高中办学资质的特殊教育学校。

图 4—10—1　重庆市特殊教育中心形成集视障 12 年一贯制教育、康复训练和技能培训于一体的完善教育体系。

1. 普通高中教育

学校重视提高视障群体文化素质，自 2002 年起开设普通高中教育并面向全国招生，生源覆盖 29 个省（自治区、直辖市），为全国尤其是中西部地区视障学生接受高等教育、提高文化素质搭建桥梁。截至目前，共有 320 余名视障学生顺利升入特殊教育高等院校深造，其中包括 15 个省（自治区、直辖市）的 20 余名少数民族学生。因高考成绩优异，2018 年起，国内高等特殊教育龙头学校长春大学特殊教育学院在校设立全国唯一的招生考试分考点，为中西部地区残障学生参加高考提供了极大便利。

2. 职业高中教育

学校自 1997 年开设中医康复保健教育以来，培养了一大批原本需要社会救助的视障残疾人。历届毕业学生就业率达到 100%，他们自立自强，凭一技之长实现脱贫，获得有尊严的生活，为社会和家庭减轻了

图4—10—2　实习学生手工作品。

负担，其中不少人还走上了创业致富的道路，实现了人生价值。学校注重强化视障学生职业素养和职业技能培养，建设了3500余平方米的实习实训基地，集教学、实践、培训、就业和康复为一体，通过校企合作的模式，丰富课程资源，拓展就业领域，为在校学生见习、毕业生实习和已参加工作的学生接受继续教育提供了充分保障。

二、突出体艺，健全人格

学校全面执行《盲校义务教育课程设置实验方案》，找准办学定位，以盲校音乐、体育、美术课程建设为着力点，大力研发《盲校美工》《盲校体育》《盲校音乐》等系列校本课程，发掘潜能，补偿缺陷，培养特长，努力构建提升学生学习品质、促进学校特色发展的课程体系，促进学生全面发展、个性发展。

1. 艺术社团

学校以器乐教育为突破口，组建扬帆艺术团，用音乐潜移默化地熏陶培养视障学生的团队合作意识。

扬帆管乐团2012年、2014年两次参加“上海之春”国际音乐节管乐艺术节，在全国第八届非职业优秀管乐团队展演中勇摘银奖；携手中国人民解放军军乐团、中国国家交响乐团等国内顶尖艺术团队，先后在国家大剧院、北京音乐厅、解放军军乐厅等艺术殿堂举办专场音乐会，获得“2015年度感动重庆十大人物特别奖”，成为特殊艺术教育的一张闪亮名片，带动了全国特殊教育学校艺术教育的蓬勃发展。

图 4—10—3　2022 年 3 月 4 日，重庆市特殊教育中心扬帆管乐团在北京 2022 年冬残奥会开幕式上演奏国际残奥委会会歌《未来赞美诗》。

扬帆合唱团自 2017 年成立以来，多次参加重庆市、区艺术节展演，并与重庆大学等高校合唱团联袂演出；在第九届“中华文化小大使”文化艺术展示合唱类全国展示活动中获得九州奖（最高奖）；赴成都参加国际童声合唱节，赢得广泛赞誉。

2. **体育运动**

学校高度重视体育工作，在广泛开展群体性运动、确保每天锻炼不少于一个小时的基础上，深入开展竞技性项目训练。盲人田径队、乒乓球队多次在各级各类比赛中获得优异成绩，盲人足球运动蓬勃开展，盲人棒球运动率先尝试，盲人跳绳队在两届全国残疾人运动会上夺得 7 块金牌。盲人啦啦操在全国残疾人康复体育、健身体育项目评选活动中被评为优秀创编项目，获得全国啦啦操联赛公开学生残疾组集体花球自选动作第一名，赴

图 4—10—4　盲人田径队正在训练。

图4—10—5 重庆市特殊教育中心良好的体育设施。

美国参加啦啦操世界锦标赛获得亚军，刷新了中国啦啦操在世锦赛上的最好成绩；学校成为全国残疾人啦啦操运动项目唯一推广示范单位。

三、专业引领，凝练团队

学校着力引导教师把功夫下在备课上，把目标放在每一个学生的发展上，把效果体现在四十分钟课堂上，同时，着眼教师的专业成长和素质提升，注重为教师创设可持续发展的平台，给每一位教师提供大量的再学习机会和充分发展的空间；坚持以课题研究为平台，让全体教师感受特殊教育研究的特殊魅力、特殊待遇。近年来，结合特殊教育现状，学校进行了美工、体育、音乐等课程的校本研发，深入开展3—6岁盲童早期教育、盲兼多重残疾教育，以及视障学生的社会实践能力、低视力学生视功能训练等一系列的研究。一大批青年教师在科研中成长起来，思维品质得到提升，研究素养得以形成，充分感受到了特殊教育的职业成就感和幸福感。学校培养出正高级教师1名、高级教师12名、特级教师1名、市级骨干教师2名、区级学科带头人1名、骨干教师8名；在全国特殊教育新课程标准起草、修订及教材编写工作中，学校有16名老师参加；多名教师在国家级、市级特殊教育赛课比赛中获得特等奖、一等奖。

四、政府托底，保障发展

重庆市委、市政府高度重视特殊教育，在经费上给予充分保障，在政策上予以倾斜关怀，在校视障学生不愁吃、不愁穿，真正践行习近平总书记“全面建成小康社会，残疾人一个也不能少”的指示精神。

1. 加大基础投入，创造一流办学条件。学校前后三期工程基础建设共计投入近2亿元，生均公用经费从2011年起提高到了1万元（由市、区两级财政共同拨付）；启动特殊教育资源教室（中心）建设，弥补普通学校随班就读课堂教学的不足，提高随班就读质量。

图4—10—6　重庆市委、市政府高度重视3—6岁盲童早期教育、盲兼多重残疾教育。

完善资助政策，保障顺利就读。从2011年起，学生（含普高、职高）在校期间的学习、生活费用全部由南岸区财政承担。近年来，还为贫困学生、贫困家庭发放寒暑假、小长假往返交通费、食宿费，彻底解决家长的后顾之忧。

加拨专项经费，支持特色发展。学校体育及艺术社团日常训练、比赛演出、医教结合实践等项目均拨款支持，学生在校期间训练、康复，学习乐器和技能，都不需要家里交钱；按照专业标准建成扬帆音乐厅，给残疾人学生更多的展示机会，增加他们与社会的相互了解、相互融合，促进残健交流，真正实现平等、参与、共享。

（重庆市残联供稿）

快乐特奥，点亮梦想

“十三五”以来，宝鸡市残联联合体育、教育等部门，秉持“快乐特奥，点亮梦想”的理念，吸引近600名特奥运动员参与特奥运动，形成系统化、制度化、长效化的良好格局，促进了智力残疾人身心健康成长、积极融入社会，对提升智力残疾人及其家庭幸福感、获得感发挥了重要作用。

一、宝鸡市特奥运动的基本情况

宝鸡市充分利用“全国特奥日”“牵着蜗牛去散步”“残疾人健身周”等活动节点，组织智力残疾人及亲友协会和市特奥委员会大力开展特奥活动，目前特奥运动员近600人，志愿者、亲友团成员近2000余名，先后组织50余名特奥运动员参加了世界第12届夏季特奥会、东亚区澳门特奥会、第三届至第八届全国特奥运动会，培养出“特奥形象大使”马芸莉、“国际特奥东亚区区域信使”杨乐等一大批特奥明星。

二、多方联动，助力特奥运动发展

特奥事业涉及面广，发展特奥运动需要协调、组织、动员社会各界共同发力。宝鸡市特奥会和智力残疾人及亲友协会自2007年4月成立以来，就高度重视充分发挥残联、智协和特奥组织“三位一体”的作用，

图 4—11—1 2021 年 7 月中国残联举办的全国特奥日特奥联谊活动特奥运动员在表演轮滑。

确立并坚持“快乐特奥，点亮梦想”的特奥理念，推动宝鸡市特奥运动从此进入发展的快车道。

宝鸡市智协深入各有关县区进行调查摸底和宣传动员工作，特奥活动区域由原来的金台、渭滨两区拓展到了陈仓、凤翔、岐山、眉县等六个县区；在特奥田径队的基础上，成立了乒乓球队、滚球队、足球队、篮球队、自行车队等五支队伍。宝鸡市残联对各活动点每年分别给予5000元的资金扶持，并积极争取陕西省残联的大力支持，建成了三个全国特奥示范社区。针对特奥运动员自身实际情况，采取普及与提高相结合的办法，分别制定详细的培训计划，由易到难，循序渐进，有效推动了特奥运动参与人数不断增加，项目不断扩展，活动日益丰富。

宝鸡市逐渐加强宣传力度，通过省市媒体采访报道，努力形成全社会关心、支持、参与特奥的浓厚氛围，营造文明和谐的环境。近几年，《宝鸡日报》刊发《特奥之家》《启智班的孩子》《你行我也行》等40多篇关于特奥活动的文章，并开设《扶残助残之窗》《阳光天地》等专栏，宣传普及特奥理念和特奥运动常识。宝鸡市金台区东仁堡小学启智班老师杨宝兰编写的《特奥三字歌》被中国特奥会采用。宝鸡市残联谱写了宝鸡特奥会会歌《勇作特奥运动员》，“齐参与，勤锻炼，你奋勇，我向前”，朗朗上口的歌词和欢快的节奏在特奥运动员中广泛传唱。

社会各界也积极参与特奥运动。宝鸡市乒乓球训练基地、新民路小学、东仁堡小学等单位常年为特奥活动提供训练器材或场地；名流家具城、德润祥饭庄等爱心企业多次为特奥活动捐款捐物；宝鸡市特警队每年与特奥运动员交流互动……如今，广大市民与特奥运动员游戏、比赛，已成为和谐宝鸡的一个缩影。

三、创新发展、扩充丰富特奥运动新领域

宝鸡市在逐步普及特奥理念的同时，勇于探索、创新形式，不断丰富特奥运动的内容，成立了“宝鸡市乐培智障人士发展中心”，将特奥运动、辅助性就业、工疗、文化活动等融为一体。2019 年依托特奥平台开展了十字绣、剪纸、工艺绘画等新项目，选拔了十多名特奥骨干，在专业老师和志愿者耐心细致的培训、帮助下，特奥运动员制作挂钟、卡包、

图 4—11—2　宝鸡市残联组织特奥运动员开展“牵着蜗牛去散步”活动。

手机链等工艺品近千件，极大地拓展了参与社会生活的空间。

参加培训的特奥运动员杨乐，不仅创办了奶茶店，还经常把身边的同龄孩子聚集到一起搞编织、练球、打非洲鼓，带动身边跟他一样的小伙伴就业。如今，他俨然成了同伴们心中的“小明星”，激励、鼓舞着大家一起成长。杨乐的母亲宜萍说，通过参加特奥运动，心智障碍的孩子可以增强身体机能，锻炼培养遵守规则的意识，塑造自尊自信的人格，提高团队协作、融入社会的能力。

榜样是看得见的哲理。宝鸡市积极发掘典型、树立榜样，发挥特奥运动带头人的示范引领作用，用榜样的力量感染人、鼓舞人、带动人。

“特奥形象大使”马芸莉的父亲马思祥是宝鸡市第一个特奥运动带头人。他起初参加特奥运动只是为了让孩子能够更好地融入社会，参与多次活动后，他发现有更多的孩子也渴望走出家门、参与运动、分享快乐，就开始把宣传特奥看成自己的责任，把支持特奥作为一项事业，不仅自己全心投入，还鼓励动员家人、朋友和其他残疾孩子及其家长参与其中。

图 4—11—3　宝鸡特奥运动员在进行高尔夫训练。

随着马思祥的步伐，赵红翔、宜萍、陈淑慧、吴丽等家长也纷纷扛起重任，越来越多的个人、组织加入其中，一起推动特奥事业蓬勃发展。每年7月的“特奥日”活动都能如期举办，“牵着蜗牛去散步”成为每年的规定动作，特奥乒乓球每周5次训练，特奥篮球队在陈仓特教学校不断壮大，特奥轮滑在宝鸡市特教学校每天训练，支持智力残疾人就业的爱馨园、乐培工坊先后建立。丰富多彩、形式多样的特奥活动让社会各界更加关注残疾人事业，也让更多的残疾人露出了笑容。

四、全国第八届特奥会推动宝鸡特奥走向新辉煌

2021年全国第八届特奥会比赛项目全部在宝鸡举行。宝鸡特奥吸引了全国的目光，开展了一系列弘扬特奥精神、传播特奥理念、交流特奥

图 4—11—4　2021年10月22日第十一届残运会暨第八届特奥会宝鸡特奥运动员杨乐担任第二棒火炬手。

经验的示范行动。

5月，首场正式比赛——特奥足球赛完美落幕。10月底，特奥乒乓球、特奥篮球、特奥轮滑等8个竞赛项目及特奥青少年融合交流活动、特奥家长交流活动和特奥运动员健康计划在主赛期同时举行，共有来自31个省（自治区、直辖市）的206支代表队、1440名运动员参加了比赛，各项赛事均精彩圆满、安全顺利完成。新华社、中央电视台等30家媒体累计播发新闻稿件1000余篇，多角度立体式宣传报道宝鸡市的办赛成果和特奥运动取得的成就，极大地提升了宝鸡特奥的知名度和美誉度。宝鸡特奥执委会累计收到国际奥林匹克组织、中国残联、各项目裁委会、各参赛代表队200余份感谢信、留言和锦旗，获得了“场馆安全智慧，服务热情周到，办赛专业高效”等好评。宝鸡市代表队的38名特奥运动员斩获16金、15银、8铜，再一次弘扬了顽强拼搏、奋勇争先的残疾人体育精神，彰显了自强自立，乐观向上的残疾人精神风貌。

（宝鸡市残联供稿）

“瑕之美”：
让特需孩子成为舞台上的主角

2020年11月，来自广东九个城市的近两百名特需孩子经过层层海选，登上了广州市第二少年宫剧场的专业舞台。舞台的大屏幕上，“2020‘瑕之美’特需孩子艺术节”的巨大海报滚动闪烁。

《开口大声唱》《星乐陶笛》《桂香囊》《让世界充满爱》等十多个节目接连上演，舞蹈、朗诵、童谣、非洲鼓、葫芦丝、钢琴等表演，精彩纷呈。特需孩子在表演中尽情展示着他们的风采，感受着舞台温暖的聚光灯。

图 4—12—1　特需孩子成为舞台主角。

图 4—12—2　特需孩子在做上场准备。

很多特需孩子及其家庭曾经生活在阴影下，不曾想过能成为舞台上的主角。从1998年开始并一直延续至今，广州市少年宫与广州市扬爱特需孩子家长俱乐部共同打造“瑕之美”，作为挖掘特需孩子艺术才能的舞台，逐渐吸引了越来越多的关注，得到了越来越多的认可。

这是23年来“瑕之美”

首次举行晋级赛。前期，经过在广州、深圳、东莞、中山等多个城市的层层海选，最终16个节目入选全省文艺汇演。一位观看了海选的工作人员坦诚：“既然是海选，必然有人入选，有人落选。活动开始前很担心这些孩子们落选后会失落，担心他们无法承受。”

图 4—12—3 师资培训。

然而，十七选六后，孩子们情绪如常。一位观众不禁感慨地在朋友圈写道：“大概是因为他们还不知道输赢，并不知道所谓的‘成功’‘失败’。既感到放心，也深受触动。害怕‘输’和‘失败’的，反而是我们这些自我感觉良好的健全人。”

实际上，孩子们只要能踏上舞台，就会感到很开心。汇演当天，广州市少年宫“雨后彩虹”唐宝宝融合舞团的11个孩子为观众带来了舞蹈节目《九色鹿》。这个合舞团正式成立于2014年，是全国第一个青少年儿童融合艺术团。在表演中，这些孩子笑得格外灿烂，用舞姿演绎着九色鹿的故事。现场观看全程表演的广东少儿频道主持人豆丁感叹道：这些孩子演出的专业程度不输任何其他的专业舞团。正是因为多年前他们就获得了走上舞台的机会，才有了后来的因缘际会，价值得到认可。

来自汕头市澄海启智学校的9名孩子献上了合唱节目《国家》，他们的表演虽然略显艰难，但个个全力以赴，歌唱着“在世界的国，在天地的家”。广州市海珠区三滘小学的孩子演奏了《土耳其进行曲》，其中一位小男孩时不时地会回头看一下身后屏幕上的动画，但没有耽误双手的流畅弹奏。

每一场表演都赢得了观众的欢呼。主办方负责人向记者介绍："这是'瑕之美'23 年来首次进入专业剧场进行演出，希望特需孩子们能体验专业演出的精彩，社会也逐渐认可他们的艺术能力和价值。"

除了文艺汇演，"瑕之美"增设了《正青春·有力量》成人宣誓仪式，由同学、老师、家长们一起见证特殊青年的成人礼。第一次成人礼上，11 位特殊青年握拳宣誓、聆听教导，在广东省残疾人联合会副理事长柯沫夫及共青团广州市委员会副书记、广州市少年宫书记段希手中接过《成人证书》和《中华人民共和国宪法》，最后向师长鞠躬行 90 度感恩礼，象征着他们跨过成人之门，正式步入青年行列。

随着参与单位的不断增加，"瑕之美"特需孩子艺术节活动从广州市拓展到珠三角，再到大湾区，越来越多的特需孩子参与进来。

2021 年 11 月 10 日，"一路童行话百年——2021'瑕之美'特需孩子艺术节"广东省文艺汇演在广州正佳大剧院录制，来自广东省 12 个城市的 18 家机构、学校参加汇演。

广州市少年宫的舞台剧《蜗牛》，16 只"小蜗牛"生动演绎了"头

图 4—12—4　2020 年瑕之美成人宣誓仪式。

图 4—12—5　“瑕之美”特需孩子艺术节—广州市少年宫雨后彩虹融合艺术团舞蹈《蜗牛》。

顶小小的天也有大大的梦想、一步一步慢慢爬也有快乐的每一天”的深刻内涵，他们认真、努力的表演，感动了每一位观众。

李诚婷是一个唐氏综合征患者，运动能力不足，学习能力较弱，仅学会走路就用了3年时间。这次汇演，她能在《幸福生活》节目里翩翩起舞，是付出了十倍百倍努力换来的。由于平衡力较弱，一个普通动作她也常常需要一两个月甚至更长时间才能做到，难度更高的技巧动作就更是可想而知了。

参加 2021 年“瑕之美”文艺汇演的 18 个节目中，除了合唱、舞蹈、乐器演奏、朗诵等，还有美声独唱、歌舞剧，每个节目各具特点。汇演的四个篇章回顾了中国共产党百年历程，包括“开天辟地，筚路蓝缕”“不断奋进，探索道路”“改革开放，春暖大地”“百年征程，不忘初心”，让特需孩子们在享受艺术的过程中，也能传承红色基因。

2021年的“瑕之美”美术作品大赛面向广东省内6—35岁的特需孩子和成人征集作品近400幅，最终评选出了12幅特等奖画作在广东省文艺汇演的现场展出，展示了特需孩子的动手能力和对世界的理解，更充分体现了特殊教育美术老师的精心策划和悉心教导。

“瑕之美”特需孩子艺术节一直致力于为特需孩子提供展示自我的平台，越来越多的特需孩子在“瑕之美”的舞台上展现艺术才华，融入社会，让公众更全面地了解和认识特需孩子，感受他们的成长之美。

图4—12—6
粤文化主题作品。

（广东省残联供稿）

文化体育助力残疾人脱贫致富

近年来，吉林省延边州敦化市残联多措并举，努力发展残疾人文化体育，不仅丰富了残疾人精神文化生活，改善了精神面貌，也增强了他们的自我认同，激发了脱贫致富、奔向美好生活的内生动力。

一、建设完善残疾人文体基础设施

敦化市作为吉林省西部欠发达边陲城市和少数民族聚集地，过去很长时间一直缺少可供残疾人集体活动的专门场所，要想举办残疾人文体活动，只有借用场地，而且举办的文体活动也是“小而散”，收效甚微。

图 4—13—1 肢体残疾人坐式排球。

为持续深入开展好残疾人文化体育活动，敦化市残联从基础性工作抓起，积极协调解决活动场地、体育器材、设备设施、资金保障等。在党委和政府部门的支持配合下，敦化市残联将一个400平方米废弃的工厂车间改造成残疾人文体活动中心，并配备了运动健身器材、电脑、电视、音响等设备，尤其是坐式排球场地还铺设了电热膜。敦化市还陆续建成了7个富有民族特点和时代特征的新时代文明实践活动室，并面向残疾人提供服务，最大程度发挥作用。随着基础设施的不断完善，敦化市先后建立了残疾人足球队、排球队、舞蹈队、乒乓球队、盲人象棋队等专门队伍，更多残疾人走出家庭加入文体活动爱好者队伍。

二、引导残疾人积极参与民族文体活动

敦化市残联持续开展“残疾人文化周”“残疾人健身周”等主题活动，因地制宜，推进文体活动逐步科学化、丰富化。如丹江街江东社区残联举办残疾人趣味运动会，设有套圈、飞镖、定向投篮、吹气球、颠球、二人三足等比赛项目，辖区内30多名残疾人成为运动会的主角。丹江街江东社区肢残人协会坐式排球队的手语舞蹈《感恩的心》、肢残人鞠晓东与志愿者艺术团合作的歌伴舞《怒放的生命》等节目，表达了残疾人对艺术的不懈追求、对生活的热爱，给观众留下了深刻的印象，促进了残健交流。渤海街红旗社区在文艺演出中，设计了投篮、套圈、单人跳绳、穿针引线等趣味比赛，受到残疾人的欢迎。胜利街组织群众基础深厚、符合残疾人特点的各种比赛，如棋类、乒乓球、花样篮球、踢毽子等。此外，根据敦化市地理特点和季节变化，开展了具有当地特色的“中国残疾人冰雪运动季”“聋哑人足球赛”等活动，这种定期活动与日常活动交互的方式，形成了“天天有活动，月月有主题，人人都参与，无处不欢乐”的新局面新气象，残疾人从“不好意思参与”“不愿意参与”转变为“踊跃参与”“乐

图 4—13—2 “书画传情·笔墨生香”助残惠残系列活动。

于参与”的积极状态，直接受益的残疾人近 1 万人。

敦化市残联还将残疾人文化体育活动向专业化方向发展，通过“引智”“借脑”“请进来”“走出去”等形式对现有人员开展培训，引入专业演出队伍参与残疾人文艺表演，以对残疾人艺术团体进行授课指导等形式，提升残疾人的艺术水平。基层党组织也通过与企业的合作，将文化活动下沉到村镇，如贤儒镇党委政府联合敦化市鼎盛文化传媒演艺有限公司，开展“送文化进村屯”活动，为广大农村残疾人送去精彩演出，丰富基层残疾人群众的精神文化生活。

通过举办形式多样的文体活动，广大残疾人找到了自信，生活不再压抑、孤单、枯燥，而是充满了希望与生机。在延边州第 21 届残疾人运动会上，敦化市残疾人代表队荣获总分第一名的好成绩。一次次活动也改善了残疾人的心理状态，鼓舞了残疾人的斗志。从“昔日麻将桌边客”转变为“今朝文体场上人”，完成了“我不行”到“我可以”的自我认同。

三、精准扶持残疾人文体活动示范点建设

敦化市残联建立了多个文体活动示范点，其中省级文化活动示范点1个；体育健身示范点5个，包括国家级1个，省级1个，县级2个。

敦化市丹江文体中心于2013年10月正式投入运营，建筑面积9600平方米，主体四层结构，总投资3000万元，是吉林省县级市中面积最大、功能最齐全的社区文体活动中心，是国家级示范点。其中，设有残疾人康复室、残疾人休息室，建有篮球、排球、羽毛球场地，还有台球馆、乒乓球馆、健身馆、文艺排练厅、图书阅览室、棋牌室等，为残疾人发展德智体美等各个层面的活动提供了便利场所。在完善硬件设施的同时，还配备了淋浴室、更衣室、医务室、日间照料室、配餐室、超市等设施，残疾人可以享受到多方面的服务。中心设有残疾人通道，有完善的监控设施，还配备了3名专职人员为街区残疾人提供优质的健身康复服务。

四、以文体活动促进残疾人脱贫致富

敦化市残联以开展残疾人文化体育活动带动残疾人脱贫致富为目标，采取残疾人喜闻乐见的方式，不断地推动残疾人加入文化体育活动，再带着“精气神”和“自信心”就业创业，进而改变生活，融入社会。

金女士，从当地兵工厂退休后加入了肢体残疾人协会坐式排球队。经过几个月的训练后，她深有感触地说：“我上学的时候就喜欢体育运动，我周围的人都是健全人，他们组织的体育活动或比赛我参加不了，就是无意中已经把你排斥出去了，挺遗憾的！退休之后，别人要拉我加入肢体残疾人协会的微信群，一开始我还挺忌讳的，不愿意参加。今年我们

图 4—13—3　残疾人网络文化艺术节及“云健身”活动。

会长在群里召集大家组建坐式排球队，第一次我没有勇气，第二次我鼓起了勇气，说‘我也想打，但是岁数大了’，会长鼓励我来文体中心看看。来了以后，我就特别喜欢，因为从小就喜欢运动，现在又有了机会，所以就决定参加进来。自从加入排球队，感觉生活一下子充实了。我们每天下午都训练，还参加州里的联赛、州里的残疾人运动会，成绩都不错。这样一来，我就改变了心理状态，原来总觉得比别人矮一等，在这里感到了群体的温暖，大家都是平起平坐，很开心，觉得自己很有价值。现在都后悔没能早点参与到球队中来。”

张女士，敦化市智力残疾人及亲友团协会会长，同时也是一位智力残疾人的母亲。她的儿子是先天性智力残疾，今年 19 岁，就读于市特殊教育学校。她说：“以前我们的难题是没有场地，现在市残联给我们提供了固定的活动场所，我们可以经常举办活动了。因为智力残疾人的特点，我们开展的都是在外人看来比较简单的项目，比如踢毽子、套圈等，但对一些智力残疾人来说也不容易完成。活动的重点不在于完成得怎么样，而是智力残疾人和他的家属能有一个娱乐的空间，可以放松身心。残联经常组织活动，这个集体没有互相歧视，我们很愿意参与。”张女士给人的印象依然是积极向上、乐观开朗，智力残疾人家长这种乐观积极的心理状态会传递给智力残疾人本身，他的儿子也会跟妈妈说：“你是我的厨娘，我是你的暖男。”

敦化市残疾人文体活动的成功彰显了残疾人事业以人民为中心的发展理念，也检验了残联组织和残疾人工作者的服务能力。他们能够沉下心来、眼睛向下、扑下身子，把自己定位为残疾人的“服务员”，甘当残疾人的“店小二”，甘愿为残疾人提供“保姆式服务”，主动与残疾人兄弟姐妹交朋友，推动和引领残疾人广泛参与文体活动，残疾人才能逐渐敞开心扉，对生活充满希望，获得感、幸福感、安全感都稳步增强。

（敦化市残联供稿）

“共享芬芳”进万家，特殊艺术润心田

党中央、国务院格外关心、格外关注残疾人，高度重视残疾人事业。“十三五”时期，“全面建成小康社会，残疾人一个也不能少”的目标如期实现，广大残疾人的精神文化生活也得到了极大丰富。中国残联打造的文化品牌——“共享芬芳”系列公益演出活动生动宣传了我国残疾人事业，展示了特殊艺术魅力，为基层残疾人提供优质文化产品和服务。

“共享芬芳”系列公益演出活动是深入贯彻落实习近平新时代中国

图 4—14—1　中国残疾人艺术团“共享芬芳”演出走进甘肃通渭县陇阳镇。

图 4—14—2　深入贫困山村，助力脱贫攻坚。

特色社会主义思想，贯彻落实习近平总书记关于残疾人事业的重要论述和习近平总书记关于文艺工作的系列重要讲话精神的重要举措。围绕庆祝改革开放 40 周年和新中国成立 70 周年等重大活动为重要节点，以开展“共享芬芳”公益演出为示范引领，以送文化下基层为核心，带动更多特殊艺术团队深入基层，为残疾人提供优秀文化服务，展示残疾人特殊艺术才华，弘扬中国传统文化艺术。

“共享芬芳”演出单位为中国残疾人艺术团。经过 30 多年的发展，中国残疾人艺术团已经成为一支国际一流的表演艺术团体，巡演了五大洲 103 个国家和地区，被联合国教科文组织命名为“和平艺术家”。他们创作表演的综合性艺术作品《我的梦》，全部演员都是残疾人，展现了残疾人的特殊艺术和美丽人生，传递了深邃的精神内涵，绽放着残疾人的独特风采。

“共享芬芳”系列公益演出活动自2016年举办以来，在全国中西部地区80多个市（县）累计巡演80多场，并组建多支文艺小分队，到贫困残疾人家中、特教学校的教室、居民区的残疾人服务站进行演出，直接受益残疾人及基层群众15万余人，网络直播观看浏览量500余万人次。“共享芬芳·共铸小康”公益演出从2017起连续列入中央文明委精神文明建设工作计划，2017年还获得国家艺术基金的资助，2019年国务院新闻办发布的《平等·参与·共享：新中国残疾人权益保障70年白皮书》对“共享芬芳”系列公益演出活动给予肯定。

“共享芬芳”系列公益演出活动所到之处基层群众反响强烈，无论是室内剧场还是露天广场、操场，无论是暴雨还是烈日，无论是白天还是夜晚，场场演出座无虚席、掌声不断，深受广大人民群众尤其是基层残疾人的欢迎和喜爱。观众不仅惊叹于演出效果的美轮美奂，还感动于整台演出传达的精神力量。

图4—14—3　艺术团演员演出之余走访慰问当地贫困残疾人家庭。

四川省凉山州残联理事长张建英说：“凉山州是全省脱贫攻坚的主战场，这里的贫困残疾人一直得到全国人民的偏爱和惦念，走访慰问经常性开展，但多以物质慰问为主。像‘共享芬芳’这样送文化到身边的事情还是第一次，艺术团的到来给残疾人兄弟姐妹和基层工作者们带来了强大的精神鼓励，为振奋脱贫攻坚的信心和决心起到了特殊的作用。”

重庆北碚区江北中学高一学生周俊豪观看演出后说：“我感到非常震撼，接受了一场精神上的洗礼。残疾人演员有的听不到，有的看不见，却能够表演这么精彩的节目，背后一定付出了难以想象的心血！作为一名中学生，我要学习残疾人艺术家们自强不息、热爱生活的精神，努力学好知识，做一个有用的人，帮助需要帮助的人。”

“共享芬芳”系列公益演出活动还得到了中央及地方各级各类媒体的大力支持，积极参与报道宣传残疾人自强不息、身残志坚的精神风貌，传递正能量，让全社会更加了解残疾人和残疾人事业，演出活动的影响力得到进一步提升。

“共享芬芳”系列公益演出活动也给未来提供了很好的经验和遵循。

一是“共享芬芳”系列公益演出活动具有特殊的精神内涵和艺术感染力，节目内容与党的宣传工作、思想教育工作紧密联系，有利于凝聚全社会的力量，加强残疾人文化建设，改善残疾人文化环境，推动残疾人和残疾人工作者增强文化自信，团结带领广大残疾人听党话、跟党走。

二是“共享芬芳”系列公益演出活动邀请优秀的基层残疾人艺术爱好者共同参演，为他们搭建宣传展示的平台，激发基层残疾人的动力和活力，有利于残疾人培育健康的价值观、人生观，努力提高自身素质，更加广泛地参与社会、融入社会，创造更加美好、更有尊严的生活；同时，也带动了各地群众性艺术团体面向基层开展丰富多彩的文化活动，为广大基层特别是残疾人带来文化服务，发挥乘数效应。

三是“共享芬芳”系列公益演出活动的举办会在演出举办地形成关注焦点，有利于各级政府、广大群众了解残疾人事业发展成就和残疾人自强不息的精神风貌、感人至深的人文情怀、美轮美奂的特殊艺术，进一步营造扶残助残的浓厚社会氛围。

四是“共享芬芳”系列公益演出活动为残疾人特殊艺术工作者搭建一个深入基层、深入残疾人的体验平台，为深入研究并结合特殊艺术的特征、残疾人文化的特色、残疾人演员的特点创作出感染力强、生命力持久、观众喜闻乐见的特殊艺术精品提供源泉和根基。

五是“共享芬芳”系列公益演出活动是向基层提供优秀文化产品和服务的有力举措，让更多的基层群众特别是残疾人能够在家门口欣赏到高水平的特殊表演艺术，既能够满足基层观看优秀文艺作品的需求，又能通过文艺演出的形式让更多的残疾人沐浴阳光，享受文化滋养，切实增强他们对建设现代化国家和美好生活的向往，活出有尊严的人生。

（中国残疾人艺术团供稿）

残疾人托养照护服务的河南经验

我国“十一五”期间开始部署残疾人托养服务工作，并启动“阳光家园计划”，2012 年出台《关于加快发展残疾人托养服务的意见》。全国各地经过十多年的积极探索，“十三五”期间，政府提供残疾人基本托养服务的能力显著增强，残疾人托养服务工作融入脱贫攻坚奔小康发展大局，涌现了不少各具特色的工作模式，在配套政策措施、资金保障制度、服务专业化等方面提供了有益经验。其中，河南省驻马店市和南阳市探索形成了以农村贫困重度残疾人为重点的“上蔡模式”和“南阳模式”，给相当长时期内的重度残疾人托养服务工作提供了积极借鉴。

一、贫困家庭重度残疾人集中托养的“上蔡模式”

上蔡县位于河南省东南部，属于驻马店市，总面积 1529 平方千米，总人口约 150 万，辖 11 个镇、11 个乡、4 个街道办事处，是一个典型的平原农业县，同时也是国家扶贫开发工作重点县、河南省脱贫任务最重的县区之一。

截至 2015 年底，上蔡县建档立卡贫困人口 71133 人，其中因残致贫 13294 人，贫困人口基数大、所占比例高、贫困程度深、脱贫难度大。

“照看一个人，拖累一群人，致贫一家人。”——这是众多重度残疾人家庭生活的贫困写照。重度残疾人家庭不仅因需要长期治疗在经济上陷于困境，还因需要长期护理残疾人导致家庭成员失去劳动创收的机会，是特殊困难群体中的贫中之贫、困中之困。

图 4—15—1 驻马店华陂残疾人托养中心开展就业培训工作。

在脱贫攻坚、全面建成小康社会的伟大实践中，上蔡县认真探索谋划，积极大胆实践，在全国率先探索建立了“县级统筹、乡村实施、部门联动，社会参与”的贫困家庭重度残疾人集中托养模式，有效解决了重度残疾人贫困家庭只能“输血式”扶贫、难以“造血式”脱贫的老大难问题。

2016 年，上蔡县试点重度残疾人集中托养模式成功后，驻马店市正式建立贫困家庭重度残疾人集中托养模式，目前已建成 32 个重度残疾人集中托养中心，入住重度残疾人 618 名。上蔡县创新探索的贫困家庭重度残疾人集中托养模式，为打赢打好重度残疾人脱贫攻坚战贡献了智慧与力量。2018 年 10 月，贫困家庭重度残疾人集中托养模式荣获“全国脱贫攻坚组织创新奖”、2019 年 5 月，上蔡县大路李乡贫困家庭重度残疾人托养中心荣获“全国助残先进集体”称号。2019 年 11 月，贫困家庭重度残疾人集中托养模式成功入选联合国“全球减贫案例”。

图 4—15—2　2019 年 1 月 4 日，驻马店市残联党组书记、理事长张银良春节期间冒着雨雪慰问贫困残疾人。

贫困家庭重度残疾人集中托养通过“四个三”模式运营管理。一是“三个责任”促落实，建立“党委政府主导，扶贫残联主推，民政部门主管”的运作模式，明确主体责任，牵头责任和部门责任；二是“三个统一”抓建设，在科学选址、科学谋划的基础上做到托养中心统一规划设计、统一功能配置、统一外观风格；三是“三项严格”强管理，健全完善托养中心各项管理制度机制，严格入住标准、严格选聘程序、严格规范管理；四是“三方资金”保运营，建立“县级财政列支一部分、相关部门整合一部分、集体经济投入一部分、社会各界捐赠一部分”的资金筹集机制，强化财政资金兜底、部门资金保障、社会资金辅助。重度残疾人集中托养中心还利用乡镇卫生院的医疗和场地优势，满足了重度残疾人的医疗需求，减轻了他们的家庭经济负担。

大路李乡肖里侯村三组的小侯是肢体一级残疾人。他出生第三天因发高烧住院治疗，第五个月确诊脑瘫。随后的 10 年里，父母抱着极大的希望，花去六七万元为其治病。父亲不堪重负，狠心撇下三个孩子和妻子离家出走，从此杳无音讯。小侯一日三餐都需要母亲骆荣焕一勺一勺地喂食，骆女士说起这个儿子就不禁泪流满面：“我一个女人家拉扯着三个孩子，小儿子也上了中学，只有这个残疾孩子最牵挂我的心。他也是我的心头肉啊，我不忍心抛下他不管。只要有我在，就有娃的一口饭吃。”2016 年，上蔡县残联联系到她，让她带着儿子入住栗庄重度残疾人托养中心，还聘她做护工，能有一份工资，一个月2000元，这可是她从来都不敢想的收入！她第一次走进托养中心就发现，这里的房间都配有空调、电视、无障碍卫生间，被褥等生活用品一应俱全，一日三餐都不重样。她忍不住流下了激动的眼泪："原来我一想到我们这个家庭都会忍不住号啕大哭，觉得生活没有盼头了。如今托养中心解决了我们全家的生活问题，让我感觉生活有了盼头！"

大路李乡栗庄村53岁的农户黄翠英本有个幸福的家庭，2012年一场突如其来的车祸改变了他们一家的命运，她的丈夫聂华堂在车祸中成了植物人，躺在床上动弹不得，每天都需要按摩、擦洗、清洁，一日三餐要通过胃管往胃里打流食。巨大的花费一下子掏空了这个家。那时，她的儿子正在外地上大学，她不敢把这个消息告诉儿子。一个人既要照顾丈夫，又要拿钱给儿子上学，她肩上突然冒出来了如山的压力，甚至有了轻生念头。就在这时，上蔡县残联找到她家里了解情况，建议她送丈夫入住重度残疾人托养中心，她也可以受聘当护工，在照顾丈夫的同时照顾另一名入住中心的残疾人。从毫无收入的家庭主妇变身为每月有2000元稳定收入的护工，黄翠英的心里一下子有了希望："我家的生活今后不用发愁了，感觉心里也敞亮了。儿子很懂事，每年寒暑假都搬到托养中心替我照顾丈夫。要没有这样好的政策，我和他爸在家里挨着，基本生活都成问题。"几年过去了，黄翠英的儿子大学毕业并考上了四川师范大学研究生。

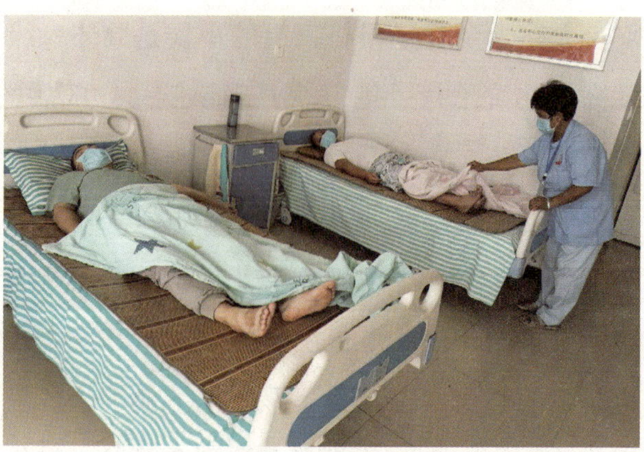

图4—15—3　工作中的黄翠英。

上蔡县重度残疾人集中托养模式，主要是把农村残疾人托养服务与脱贫攻坚工作相结合，依托乡镇、村残疾人托养服务机构平台，同步实现贫困重度残疾人及其家庭的“脱贫”和“解困”，帮助生活难以自理的贫困重度残疾人得到日常照护和相对稳定、专业的医疗服务，残疾人家庭的精神压力得到缓解，家庭劳动力得到释放，促进家庭增收。这一模式同时创造了农村新的服务类就业岗位，巩固了脱贫成果，提升了残疾人公共服务水平；同时，让贫困群众、社会各界感受到了党和政府的责任担当和对弱势群体的关怀关爱，赢得了广大群众的交口称赞，像一座饱含深情、真情、民情的“连心桥”，连起了党心与民心，连起了干部与群众，为凝聚力量打赢脱贫攻坚战提供了重要保证。

二、“有解思维”打造“南阳模式”

南阳市，河南省的一个拥有千万人口的地级市，持证残疾人达36.4万。农业大市、人口大市是南阳的标签，也意味着贫困残疾人脱贫的重点和难点更多更艰巨。如何在脱贫攻坚中让贫困残疾人群众真正享受到看得见、摸得着的政策红利，如何让贫困残疾人群众更体面地脱贫，南阳市不断探索，形成了可持续、可复制、可推广的“南阳模式”。

（一）“四集中”筑牢脱贫攻坚最后一道防线

2018年底，南阳市为确保高起点开局起步，在全市范围内对扶贫对象“过筛子”、“摸底子”，弄清了特困托养人员、重度残疾人员、重症慢性病人员、失能半失能人员、孤儿、孤寡老人等六种情形人员需要兜底保障，随后出台了《南阳市建档立卡特殊贫困群体“四集中”兜底保障实施办法》，在前期扶贫工作的基础上，推广实施以村级幸福大院集中托管、乡镇敬老院集中托养、社会福利机构集中托养、医疗机构“医养”结合集中康复等为主的“四集中”兜底保障办法，残疾人获得了“走

图 4—15—4　四里店镇余庄村幸福大院“四集中”托养点。

下去”的有力支撑。

一个失能人员往往造成整个家庭的贫困。周女士 60 多岁，是西峡县阳城乡田营村人，几年前丈夫林红耀和儿子林浩先后因肌肉萎缩成为肢体二级和肢体一级残疾人。一边是重残需要人照顾的父子俩，一边是贫困的家庭经济状况，这两座生活的大山全部压在这个年过花甲的农村妇女身上。2020 年 6 月，根据南阳市“四集中”实施办法，西峡县投资 2500 余万元兴建的西峡县双和托养中心建成。西峡县残联在乡村入户核查的基础上，对标“三类人员”，全面开展集中兜底对象摸底工作。经过核查，林红耀父子符合入住标准，顺利办理了入住手续。根据政策规定，所有“四集中”机构都要按照一定比例配备护理人员，且优先选择重度残疾人家属。周女士被选聘为托养中心的护工，最适合负责护理丈夫和儿子，每个月还有 2000 块钱工资。“虽然都是照顾，但这里跟家完全不一样，不用担心费用问题，两个人都是免费入住。我自个儿也是包吃包住，每个月还有收入。”“有个病啥的也不用着急上火，这里有专业的医生。”既能一家人团聚又能增加收入，周女士的幸福感写在脸上。

刘小女也是一位重度残疾人，老伴儿一个人根本照顾不来，经常不能按时按顿吃饭，甚至几个月洗不了一次澡。南阳市像刘小女一样情况的重度残疾人不在少数，在政府的兜底保障政策下，他们即使能够实现经济脱贫，但因缺少照护，“有米吃不上饭，有水喝不到嘴”的困境依然突出。刘小女的情况在入住托养中心后得到了根本改变，这里 24 小时有人值班，每两个重度残疾人配一名专业护理人员，每天洗一次澡，每月理一次发，衣服、床被及时洗晒。中心医疗室还与卫生院合作，为托养对象定期体检，医养结合。照顾刘小女的护工说：“她住进来几个月了，身上的异味没了，还长胖了一些。”

“托养一个人，解放一家人。”南阳市委市政府高度重视脱贫攻坚兜底保障工作，成立了南阳市“四集中”兜底保障工作领导小组，以贫困低保户为突破口，扩大保障面，整户低保、应保尽保，以“四集中”兜底保障为抓手，以四级托养平台持续规范运行为目标，高标准、高质量推进兜底保障体系建设。

为了筑牢脱贫攻坚“最后一道防线”，确保小康路上“不漏一户、不落一人”，南阳市从四点着手：

一是精准核查兜底保障对象底数。对全市 81.5 万建档立卡贫困人口中的“六种情形”人员进行普查、筛查和核查，逐一入户走访，摸清详细情况，凡符合集中托养条件的，必须建立台账，精准选择托养机构，实现兜底保障全覆盖、无遗漏。截至目前，排查全市“四集中”兜底保障对象达 98540 人。

二是合理布局和建设兜底保障机构。根据南阳市集中托养任务，按照“232+N”模式（市级两个：市福利院、市救助站；县级三个：县福利中心、县残疾人托养中心、精神病人康复医院；乡级两个：乡镇敬老院、卫生治疗康复中心；村级幸福大院和社会养老机构为补充）规划布局，形成市、县、乡、村四级集中托养体系，覆盖所有“应兜”特困群体。

三是高质量完成人员入住任务。各县市区组织工作力量，严格对标质量标准，对所有机构进行检查验收，按照“达标一个，入住一个”原则，

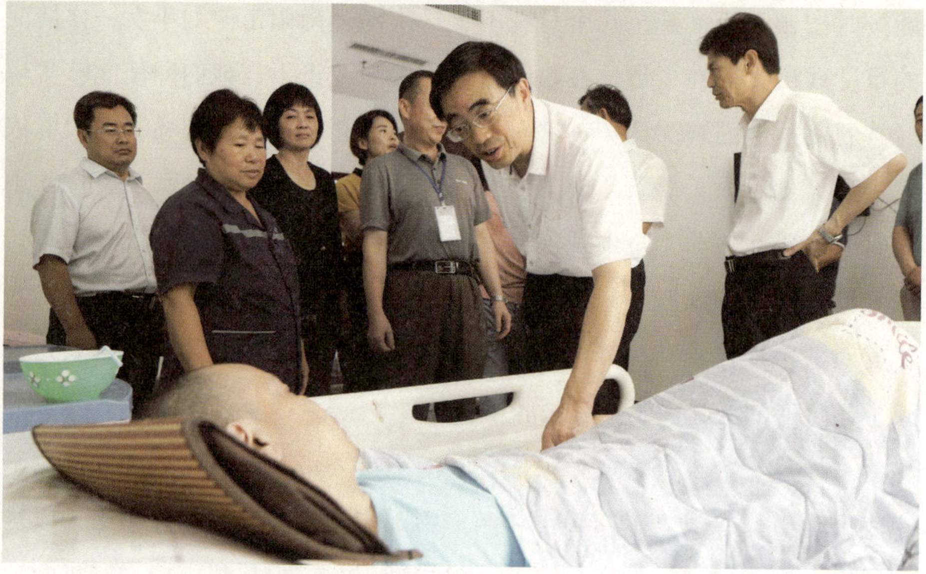

图4—15—5　中国残联副理事长程凯考察“四集中”托养中心的残疾人。

分期分批组织人员入住。

四是着力提高托养质量。按照制定的“四化”标准(服务系统化、管理精细化、生活家庭化、布局科学化)、“五好”目标(生活好、服务好、诊疗好、心情好、走得好),各县市区在建章立制上下功夫,对服务内容进行细化量化,满足多层次托养需求;建立包括入住标准、服务管理、食品安全、消防安全、疫情防控、应急保障在内的一整套规章制度,提升托养质量和管理水平。

(二)谋划实施“七个起来”,加大民生托底保障力度

南阳市不断加大特殊困难人群的托底保障力度,统筹谋划困难残疾人群众民生,探索实施了“七个起来”新方式:

一是把救助标准“提”起来,为扶贫兜底提供政策保障。通过“三提三扩”,把城乡低保标准分别提高到600元/月和380元/月,扩大低保救助面20%左右;把城乡低保人均补助水平分别提高到300元/月和200元/月,加强救助力度;把特困人员托养标准提高到500元/月,

扩大政策扶贫能力，让困难群众得到更充分的救助。

二是把应保的“保”起来，解决好贫困人口的漏保问题。完善低保办理监测预警机制，接到贫困人口预警信息后，及时组织人员开展入户调查，对需要办理低保的立即办理；完善低保工作常态收集、申报、协报机制，及时发现符合申请条件的兜底保障人员，对无法自主申请的开辟绿色通道；完善低保监督管理机制，严肃查处贪污侵占、虚报冒领、截留私分、“吃拿卡要”和“人情保、关系保”等违法违纪问题。

三是把两类残疾人员“包”起来，解决残疾人无力脱贫问题。对困难残疾人实施低保、残疾人生活补贴两项政策补贴；对重度残疾人实行低保、残疾人生活补贴、护理补贴三项政策一起上；实施“福康工程”，每年拿出200万元福彩公益金，为全市建档立卡贫困户中的残疾人安装假肢、配备康复器材。

四是把特殊困难群体“养”起来，解决好依靠自身无法脱贫问题。建立四级托养机构，利用村幸福大院、乡敬老院、县福利中心、市福利园区等阵地，四级联动，把全市7.6万农村特困人员、近400名城市“三无”人员、近3000名孤儿、近300名长期滞留的流浪乞讨人员等四类特困群体养起来。

五是实施“政福保”“政康保”工程，把因祸致贫、因病致贫的“管”起来。采取政府出资、保险公司承保的方式，为包括特殊困难群众在内的群众提供意外事故救助、自然灾害救助、重病医疗救助等多项救助。截至2020年6月30日，“政福保”工程累计赔付597起，赔付金额774.96万元；“政康保”工程累计救助67.41万人次，救助金额6013.56万元。

六是做大做强慈善事业，把贫困边沿人群“救”起来。发挥慈善组织作用，实施慈善扶贫项目，春救饥、夏救灾、秋救学、冬救困，全年救扶贫，助力脱贫攻坚。2021年以来，仅南阳市慈善总会募集用于新冠肺炎疫情防控的资金就达4828万元。

七是把留守儿童和留守老人“托”起来，防止养护缺位而致贫。对10.5万留守儿童、20万留守老人，摸清底数，建立台账，按照就近、就亲、自愿原则，落实托管人，签订托管协议；对无人托管的，利用学校、儿童之家、日间照料中心、幸福大院落实兜底托管。

（三）叠加效应，推动残疾人事业发展

南阳市围绕残疾人康复、教育、就业培训、文化体育、社会保障、无障碍环境建设等工作，先后制定实施了《“十三五”加快残疾人小康进程规划》《残疾人就业培训工程实施方案》《关于加快推进残疾人小康进程的实施意见》《困难残疾人生活补贴和重度残疾人护理补贴实施细则》《残疾儿童康复救助办法》《关于发展残疾人辅助性就业的实施意见》《关于开展义务教育阶段重度残疾儿童少年送教上门服务工作的意见》等具体工作方案和意见，把多年来南阳市在残疾人事业方面的普惠特惠政策和工作经验，以制度形式予以明确、固定下来，进一步健全完善了全市残疾人工作政策法规体系，有效促进了残疾人工作重点和难点问题的解决，有力地推动了残疾人事业的发展。

南阳市残工委职能作用发挥充分，凝聚各方力量，共同推进相关工作落实。各级残联组织开展了“全国助残日”“残疾预防日”及“文化助残”“科技助残”“法律助残”“志愿助残阳光行动”“集善工程”等，扶残助残活动蔚然成风。“十三五”期间，开展爱心捐赠活动60余场，社会各界为残疾人捐赠、发放救济物品累计价值达930余万元，惠及残疾人近5万人次。全市各级残联组织均建立了助残志愿者联络站，招募注册志愿者4.2万名，组织开展了丰富多彩的助残活动，共使7万多名残疾人得到扶助。广大残疾人自强自立，昂扬向上，涌现出全国自强模范李健、全国三八红旗手李露、全省自强模范等先进人物。人道主义思想更加深入人心，残疾人权益得到充分保障，广大残疾人精神生活更加充实，参与社会的深度和广度不断加大，理解尊重关心帮助残疾人的社

会氛围更加浓厚。

通过开展残疾人自愿申请办理残疾人证清零行动和主动上门服务，对行动不便的重度残疾人、重度精神残疾人等，到村(社区)、贫困户家中，为建档立卡疑似残疾人进行集中免费评定办证、到期换证和失能评定等活动，加快推进残疾人证办理进度，确保残疾人在符合条件下残疾人证办理应办尽办、及时享受国家特惠政策；以残疾人需求为导向，按照以人为本，注重实效、统筹规划的工作思路和重度困难残疾人优先、老残一体的家庭优先和急用先改的原则，实施“一户一册一方案”，统筹推进建档立卡重度残疾人家庭无障碍改造工程。配合市住建局等部门，共计投入资金 8739.3 万元，已对 28912 户建档立卡有需求的贫困重度残疾人家庭实施了无障碍改造。目前，全市已实现现行标准下建档立卡有需求的贫困重度残疾人家庭无障碍改造全覆盖目标；会同卫健等部门，依托村(社区)卫生室、乡镇卫生院和县级医院三级康复服务体系，通过康复训练、发放辅助器具、实施矫治手术等，共为 18.4 万名有康复需求的残疾人提供基本康复服务，为 5.34 万人提供辅助器具适配服务，同时重点实施 0—6 岁贫困残疾儿童康复救助项目，并将救助年龄扩展到 9 岁，共对 4974 名残疾儿童进行了救助，实现符合条件的残疾儿童应救尽救。

(河南省残联供稿)

温馨家园：以“家”为媒
推动残疾人共享公共服务

“温馨家园”是北京市“四级一体”残疾人服务体系的基层支撑平台，主要有活动、服务、教育、展示4大功能。截至2022年，全市累计建成“温馨家园”600多家，充分发挥了资源对接和社区社会组织枢纽作用，逐渐发展成为提供残疾人职业康复劳动、康复辅具、心理健康、法律维权、志愿助残等综合服务的基层平台。八里庄街道、什刹海街道多年来的实践证明，“温馨家园”已经成为北京市残疾人找得到、够得着、靠得住的“残疾人之家”，打通了联系服务残疾人的“最后一公里”。

一、八里庄街道“温馨家园”

北京市海淀区八里庄街道“温馨家园”建立于2008年，位于海淀区美丽园街道，建筑面积600平方米，使用面积500平方米。辖区持证残疾人数量为1667人，2020年服务总量达11225人次，其中线上服务6009人次，场地服务2608人次，场地服务对象主要为大龄心智障碍者。八里庄“温馨家园”长期开展合唱团、非洲鼓团、朗诵团、舞蹈团等活动，“温馨家园”仅负责聘请老师，活动的组织、场地的协调等都由残疾人来负责实施，保证服务资源能够精准有效地递送到每个残疾人家庭，满足残疾人的差异化、个别化需求。

图 4—16—1　残健共融——残疾人趣味运动会。

（一）摸清残疾人需求，优化服务提供

“温馨家园”面向辖区内 1600 多名残疾人，从服务需求出发进行了全面调查。调查不是简单地发放问卷、收集回应，而是深入残疾人生活，面对面观察，挖掘服务需求，如：“需要残联为你提供什么样的服务”“作为残疾人家属，你需要残联提供什么帮助”等等。同时，也会从供给出发调查需求，如“是否需要居家保洁服务”，只要残疾人提出需求，“温馨家园”就会尽量满足。

八里庄“温馨家园”根据调查明确了残疾人需求，确定了服务目录，以点餐式服务为主要方式，将服务送进残疾人家庭。2020 年，提供上门服务累计 2840 余人次。

除了普通服务外，还有少数个性化的服务需求。如有一个 80 多岁、身患乳腺癌的老奶奶带着两个视障孩子生活，家里潮湿阴冷，特别需要一台空调。“温馨家园”发动助残单位为他们捐赠、安装了一台 1.5P 的空调，并协调物业公司铺设两根专用电线保证空调正常使用。2020 年，“温馨家园”开展个性化服务有 500 余人次受益，服务内容包括法律咨询、心理疏导、出行陪伴、日间康复照料、导医、入户服务等。

八里庄街道还购买了 250 户的居家上门服务、100 户的保洁服务和 100 户的油烟机清理服务，共 450 多户服务。残疾人家庭根据自己的需要，每年每户可以从服务菜单上选择四次服务。此外，还购买了无障碍出行、朗诵、音乐疗法、非洲鼓等专业培训服务。

残疾人走出家门的服务需求，比如去医院开药、取药、代买菜等，由“温馨家园”的玲珑助残志愿队来提供，2020 年玲珑助残队累计提供服务 1983 人次。

八里庄“温馨家园”每月 25 号之前制定下月工作计划，按照“先填大空再填小空”的原则，排出“温馨家园”的服务“课表”。“温馨家园”能够使用的场地是有限的，有的活动能够固定开展，比如合唱、非洲鼓、朗诵等，先把这些固定的“课”排上，再安排当月的特色活动，比如大型活动。这些“课程”排完，“再填小空”，即根据每个月的亮点安排其他服务活动，比如开展集体生日会、康复展示等。综合街道购买的服务、“温馨家园”固定的服务、每月特色服务，“温馨家园”的“课表”基本上每天都能填满。2020 年，“温馨家园”共开展活动 200 余场。

只要残疾人遇到困难，诉求合情合理，“温馨家园”都会想办法为他们解决。如果“温馨家园”解决不了，就转介服务并跟踪到底。

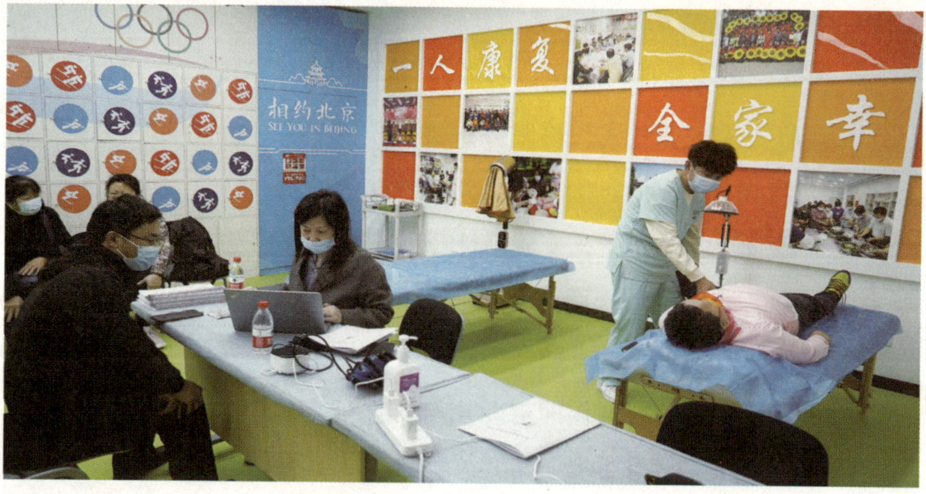

图 4—16—2 “温馨家园”开展成人肢体康复服务。

图 4—16—3 音乐疗法——打击乐训练。

（二）提高服务品质，支持残疾人家庭

八里庄“温馨家园”会根据残疾人的实际需求来制定服务主题和内容，从源头上控制服务质量，避免想当然、拍脑门或闭门造车。辖区内残疾人积极热情，踊跃参与“温馨家园”活动。

比如，聘请医生开讲座之前，工作人员会与医生沟通，把讲座对象的大概情况介绍给医生：什么年龄段、想听什么，以及生活需求、日常兴趣点、身体条件、用药康复等，然后定下主题。如 2021 年 7 月，讲夏季皮肤过敏，特别受欢迎，结束后许多残疾人还纷纷咨询具体问题：这儿起个疙瘩过敏了，洗澡用沐浴露感觉浑身不舒服，用什么香皂或浴液洗澡，等等。

“温馨家园”的高满意度也直接体现在人们对服务的响应上。如街道购买了第三方就业培训服务，限就业年龄段人员参加。经过摸底调查，根据实际需求改为两个班：一个咖啡冲调，一个服装制作，名额由预定的 22 人扩大到 44 人。第三方开始还担心参与的人不多，想不到每节课都是满员。

工作人员探望养老院时发现，一位 80 多岁的北京大学老教授，带着一个坐轮椅的心智障碍的成年儿子住在老年公寓，她卖了房子来供养自己和儿子的生活。但她觉得自己奔90岁了，身体也不行了，最担心去世后无人照顾儿子。在别人看来，轮椅上坐着的是一位“老男人”，但对他母亲来说，他是一个永远也长不大的孩子。家有心智障碍孩子的父母都面临着类似的问题：自己的身体一天不如一天，一旦倒下了，残疾子女怎么办？八里庄“温馨家园”就把这些家庭组织到一起，开展互助互济，提供家庭支持。

如十多个心智障碍的孩子进入了“温馨家园”，需要家人每日接送。于是，“温馨家园”动员他们的家属组成了一个“妈妈助力团”，每个妈妈都成了这个互助团的志愿者，以“我倒下了，你还在”为口号，开展互帮互助。工作人员把八里庄地区划分为东、西、南、北四个片区，他们的妈妈分工轮换，每天每个片区由一个妈妈负责就近接送心智障碍的孩子，其他妈妈就可以腾出时间干些其他事情，如做家务、看病、采买等。这样，妈妈助力团的志愿者每天都会有人到“温馨家园”，也会帮助工作人员做一些力所能及的事情，如帮助组织教学活动。

“温馨家园”每月都组织他们的妈妈们开家长联席会、开茶话会，

图 4—16—4　家庭康复培训学校——庆端午包粽子比赛。

让她们说说心里话。刚开始，大家谁也不认识谁，话都不多。家里有这样的孩子，很多父母都是遮遮掩掩的，生活沉闷，心理压抑。互相熟悉之后，大家就聊起孩子的变化，你说说我的孩子，我说说你的孩子，看孩子有什么进步，每天都有希望。

妈妈助力团就从这样一次一次的茶话会开始，慢慢地越来越团结。这样的联席会，妈妈们可以说出心里话，也是一种放松。渐渐地，妈妈们开始抱团取暖，一起哭、一起笑，渐渐地手拉手，形成了妈妈助力团。他们不仅关注自己的孩子，还能够互相帮助，也为社区做了贡献。

还有一位重度智力残疾人的妈妈得了乳腺癌，患病后忧心忡忡，心情一直不好，一方面担心无人照顾孩子，另一方面担心自己的病情。看到她经常去医院排队挂号、看病、取药，生活十分紧张困难，妈妈助力团成员就主动伸出援手，帮她挂号、取药，让这位妈妈慢慢感觉生活有了盼头。

（三）明确教育理念，帮助残疾人成长自立

2012 年，八里庄“温馨家园”就明确了办园理念：要把“温馨家园”变成教育场所，工作人员不仅要做阿姨、保姆，更要做一个好老师。“温馨家园”定期总结，展示残疾人的进步和变化，给家长们希望。比如每半年举办生日会，不但展示每个残疾人的成长照片，还邀请助力团的妈妈们展示厨艺，现场讲解分享做法。生日会后，把家长们聚到一起，观看自己孩子学习厨艺的效果。

“温馨家园”也会有意识地引导和干预心智障碍孩子的成长进步，给他们赋能，增强生活自理能力。工作人员利用家长每天接送的时间，与家长交流孩子们的最新变化，让家长懂得配合协助，培养孩子们的好习惯。“温馨家园”注重用贴心的服务、精彩的课程吸引心智障碍者的参与，每次活动都会发朋友圈、微信群作为记录。

如残疾孩子小明，刚到“温馨家园”的时候，生活不规律，白天昏昏沉沉，晚上很晚才睡。老师注意到了这一情况，每日分别询问孩子和

图 4—16—5　温馨家园学员开展户外团队拓展训练。

家长，监督和追踪他的精神状态、作息时间等。一段时间后，孩子们渐渐养成了良好的生活作息习惯，在“温馨家园”也开始主动做事，慢慢融入了大环境。（八里庄街道“温馨家园”供稿）

二、什刹海街道“温馨家园”

北京市西城区什刹海街道有4000多持证残疾人，2008年，为迎接北京奥运会和残奥会，在文化旅游热门地护国寺街，建立了总面积700多平方米、以残疾人为主要服务对象的街道级“温馨家园”，于2019年荣获北京市残联“温馨家园改革示范基地”称号。2021年进行改造升级后，通过优化功能设施、创新服务管理模式、紧贴市民新需求，在满足活动、服务、教育和展示四大功能的基础上，以构建残疾人关爱服务体系为目标，积极对接助残服务力量和社会资源，努力打造残疾人服务

图 4—16—6　2022 年 2 月 10 日，中国残联副主席、副理事长程凯带领中国残联研究室联合党支部参加什刹海街道“温馨家园”升级改造后的启动仪式。

品牌，建立并完善社会助残和常态化服务长效机制，保证残疾人服务始终紧跟首都民生服务保障步伐，不断提高残疾人共享城市公共服务的水平和能力。

（一）“两库一台账”：构建社区残疾人服务新格局

什刹海街道残联把“温馨家园”作为社会助残服务载体、残疾人工作改革创新阵地为努力方向，以“两库一台账”建设为重要抓手，密切联系残疾人，充分发挥服务效能，着力构建社区残疾人服务新格局。

“两库”包括助残人才资源库、助残单位资源库。助残人才资源库以积极培养和打造当地志愿助残服务队伍、努力吸纳社会爱心人士参与个性化、精细化助残服务为主线，经过多年培养与积淀，街道志愿助残服务队伍规模已达 423 人，包括党政干部、企事业单位各类专业人才和残疾人党员、轻残志愿者和大中小学生，服务内容包括入户探访、精神关怀、事项代办、清洁、修理、理发、助学等领域，为残疾人提供服务累计 8000 多个小时。助残单位资源库以党建为引领，通过对接社会资源的形式，侧重为残疾人提供集中服务，在残疾人技能培训、法律普及、心理科普、非遗文化、融合教育等方面进行双向互动，努力建设社会助残长效机制。通过利用行业专长为残疾人提供服务的单位已发展到28家，引入的专业服务包括医疗、法律、心理、教育、家政、文化、体育、茶艺、烘焙、美容美发等，如北京按摩医院选派专业技术骨干为残疾人提供健康咨询和按摩服务。

“一台账”指残疾人需求台账，是什刹海街道残联从2021年开始启动的当地残疾人服务需求响应工作机制之一。“一台账”从残疾人的生活需求、人员结构、社团建设和残疾人组织发展等维度入手，将残疾人健康保障、生活需求诉求满足、特长与爱好发挥等内容进行最大公约数分类，与残联工作及社会助残力量和资源实现高度匹配，提升残疾人服务的精准化、精细化水平。从“一台账”建设以来，什刹海街道已安排235名志愿者和工作人员，采取入户探访与实地调研的形式，用脚步丈量“温馨家园”与残疾人家庭之间的“服务距离”，累计完成1399户残疾人需求调查，为开展服务积累了大量翔实数据和依据。建立台账过程中，志愿者和工作人员身兼“双职”，既要完成调查任务，如老年残疾人认知筛查，又要提供政策解读、心理关爱、事项代办、防疫物资发放等服务，以调查促服务，提升残疾人需求响应程度。

通过“两库一台账”建设，“温馨家园”不仅为重度、高龄、孤寡残疾人和困难残疾人提供了精准帮扶，还调动了残疾人“出家门、进家园”的积极性，如根据残疾人的爱好或特长组建了不同社团，优化了残疾人合唱队、书法社、乒乓球队、飞镖队等，成立了手作社、摄影社、戏剧社、茶艺社和轮椅冰壶队等。

（二）“融公益”系列活动：为残疾人创造幸福生活播撒种子

什刹海街道残联积极转化调查成果，2022年创建了“融”系列助残服务活动品牌，大力探索公益助残、文化助残和创业助残服务长效化、

图 4—16—7　2019 年什刹海街道“温馨家园”组织戏剧活动。

常态化，不断营造“平等、参与、共享”的社会氛围。“融”系列活动通过志愿队伍培育和精准服务，先期主推“融公益”“融文化”“融创业”三个主题，以举办残疾人喜闻乐见、易于参与的文体活动，设置非遗民俗、手工作坊、职业规划等“授人以渔”的就业服务为主要方式，助力残疾人全面发展。

“融公益”：通过共享图书馆、康乐融合角、“助残公益说”科普视频、志愿者培训等务实举措，积极推进社区残疾人服务。共享图书馆已募集图书 2403 册，建立了流转服务机制，半月一次的“阳光读书会”成为残疾人学习放松的新平台；康乐融合角寓意健康、快乐、融合，为残疾人提供歇脚、聊天等休闲空间和短时照顾服务，让残疾人家庭得以喘息休整；通过生活技能康复训练、职业康复训练、心理康复等活动，帮助残疾人树立“常出门、共活动、展风采”的生活理念。“助残公益说”是从科普视角、志愿者视角、残疾人视角摄制的 24 节助残科普系列小视频，分享助残服务方法和感受，讲述残疾人榜样故事，呼吁社会关心关爱残疾人，营造助残共融氛围。志愿者培训以培育专业化助残志愿者队伍、建立助残长效机制为目标，积极组织精准助残服务活动。

“融文化”：通过开展戏剧社、电影赏析、文学创作、飞镖社、合唱队、乒乓球队、旱地冰壶、年节活动等文体娱乐活动，促进残疾人融合发展、增加文化自信；组织包粽子、缝香囊、做月饼、猜灯谜、七夕相会、五彩饺子等年节活动，营造家园氛围；融合戏剧《快乐的童年》《我要找到郎朗》和即兴戏剧《老李家的创意生活》等排演活动，展示了残疾社员的风采 。2022 年冬奥会和冬残奥会期间，“温馨家园”组织残疾人进行了冰雪 VR 体验、旱地冰壶运动体验，以及观赏老北京冰雪运动“什刹冰雪十三绝”并体验其中的冰捶丸、冰木射、冰陀螺等三项活动，邀请冬残奥冠军王濛与残疾人互动分享励志故事、“奥运小王子”张文全办展并现场讲解历届冬奥收藏品故事，传递残疾人勇于拼搏、热爱生活的精神。

“融创业”：发挥什刹海街道老北京传统文化浓郁、非遗传承人较多的特色，通过非遗民俗、艺术创作、手作坊、职业规划指导、职业技

图 4—16—8　2021 年端午节什刹海街道“温馨家园”组织包粽子、缝香囊活动。

能培训等，帮助残疾人创业就业，其中，美丽工坊手作社、摄影社已显成效，手作展、摄影展、就业交流会等成为“温馨家园”探索、牵线、促进、鼓励残疾人自主创业、灵活就业和学习技能、参与市场的有效平台。

（三）品牌项目：打造社区残疾人服务的有效抓手

1. “一米阳光”

“一米阳光”项目的宗旨是为残疾儿童家庭提供触手可及的服务，服务对象为4—16岁残疾儿童及其家庭成员。项目实施以来，服务内容从基本的残疾儿童家庭康复支持发展为集小组活动、家长赋能、入户辅导、残健融合志愿服务等内容为一体的家庭康复支持网络建设，并逐步扩展到融合教育资源支持、照料者自主创业支持等促进残疾儿童及其家庭全面发展的服务；服务对象从成立之初的13个家庭发展到49个家庭；具体活动包括组织残疾青少年家庭参与亲子画风筝、亲子烘焙、家庭分享会、孤独症儿童绘画艺术疗愈、残健融合戏剧活动、集体生日会、花艺茶艺培训、专家讲座、赋能培训等10余类，对残疾儿童及其家庭成员的心理和情绪状态给予了必要的帮助与支持。

图4—16—9　2021年“一米阳光”绘本剧活动。

从2019年起，什刹海街道将残健融合作为项目的重要目标，联合辖区18所中小学、幼儿园及8所高校大学生，招募学生志愿者与残疾青少年开展“一对一”服务。其中，小学生的参与优势明显，热情、耐心、持续的近距离接触和陪伴不仅培养了他们关爱残疾人的观念，也增进了残健群体的相互理解，极大地提升了活动效果。

2.“百张笑脸”

什刹海街道残疾人在康复、教育、就业、文体服务等各方面的需求随着时代的发展而不断提升。为增强残疾人自我发展的能力，继续营造残健融合的良好社会氛围，为残疾人全面参与社会建设筑牢思想基础，展现残疾人同步小康的幸福生活，什刹海街道残联依托“温馨家园”推出了“百张笑脸”品牌活动。

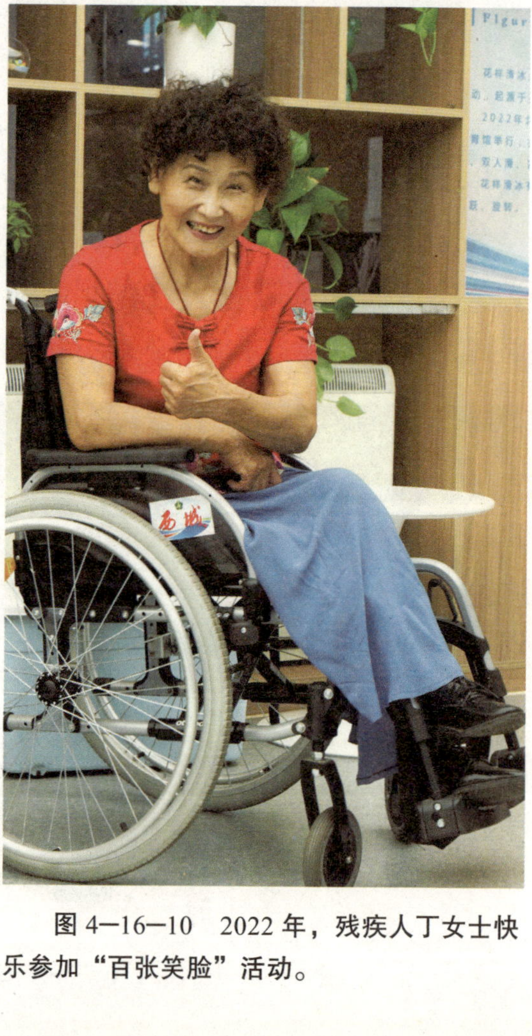

图4—16—10 2022年，残疾人丁女士快乐参加“百张笑脸”活动。

“发自内心的微笑具有着极强的感染力”，这是什刹海街道百余名残疾人工作者和助残志愿者们长期在一线服务中的强烈感受，也是支持与坚定助残服务的信心源泉。项目通过拍摄100位残疾人发自内心的幸福笑脸，反映党和政府及社会各界的关爱帮助给他们带来的精神风貌的巨大变化。

“百张笑脸”活动以“融创业”培养的摄影人员为基础，通过16次摄影培训课程，组建了一支残疾人摄影队。2021年，摄影队以拍摄什刹海的人文建筑为主，成功举办了第一期摄影展，展出作品139幅。2022年摄影队以捕捉当地残疾人的笑脸为主题，同时为当地居民拍摄全家福，深挖残疾人融合发展和助残服务的励志故事，持续打造“百张笑脸”品牌项目，不断磨砺技艺，为灵活就业积累技能和经验，并筹备将在党的二十大期间举办的第二期“百张笑脸”摄影展。

3.“千人达愿”

在探索残疾人“多元需求，即时响应”服务模式的实践中，2022年3月，什刹海街道因地制宜推出了“千人达愿”项目，目标是促成500名残疾人与健全人结成“一对一”帮扶对子，持续吸纳社会力量参与助残服务，提升志愿助残服务活力。什刹海街道残联以“千人达愿心愿箱”的方式来随时收集整理残疾人的“微心愿”，并对接助残人才资源库和助残单位资源库，利用每月一次的助残服务日活动为残疾人家庭提供集中上门服务，或以“即时响应”的方式推动日常化助残服务。为扩大需求采集渠道，实现服务对接，什刹海街道还推出在线心愿征集和认领服务的“互联网 + 助残服务”方式，逐一对接残疾人需求。

项目开展以来，已帮助残疾人完成678份“微心愿”，339名残疾人、238名志愿者、12家资源单位参与其中，有“即时响应”的单次需求，也有为15个残疾青少年家庭持续开展一个学期的“一对一”助学帮扶。残疾人不仅是受助者，也通过互助反哺社会，体现自身社会价值；志愿者不仅是援助者，也得到了来自残疾人的关心，感动于自强不息，从而更加积极向上。

曼曼是当地一家企业的员工，入户陪伴高龄听力残疾人王阿姨，并教王阿姨做手指操来预防老年痴呆，为王阿姨做大扫除。端午节，曼曼吃到了王阿姨亲手包的粽子，让因疫情影响三年没回家的曼曼也感受到了家的温暖。

志愿者小玉是一位严重的抑郁症患者，经过一年半的治疗，症状稳定，开始参加助残服务，从简单的会务到活动中与残疾人互动融合，最后参加了“一对一”结对帮扶。他的服务对象小林是一位肢体残疾人，平时不怎么出门。经过小玉耐心细致的帮教，小林学会了电脑制作小视频和手机剪辑小视频，他独立制作的第一个小视频是送给小玉的礼物，让小玉感受到了被需要的力量，变得更加热爱生活。小玉和小林由此结下了深厚的友谊，实现了双向互助成长。

什刹海街道正在努力将“千人达愿”服务内容延展为助学、专业咨询、生活服务和就业创业四大类，形成较为固定的助残服务流程，融入“温馨家园”日常活动中，通过“学期助教”、定期举办“助残服务日”、开设“一对一”服务等形式，将党和政府的惠残政策与社会助残资源融入“温馨家园”残疾人服务之中。

（什刹海街道“温馨家园”供稿）

新起点：
农村贫困残疾人家庭无障碍环境改造

中国残联维权部在河北省南皮县定点扶贫工作中，与北京新起点公益基金会一起组织实施了南皮县农村贫困残疾人家庭无障碍环境改造项目。项目第一阶段的执行情况不但探索了改造工作存在的普遍性问题，以及努力方向和客观路径，也证明了残疾人家庭无障碍环境改造不但可以改善残疾人家庭配套设施及出行条件、提升残疾人居家生活质量，更重要的是，能够帮助残疾人不同程度地补偿了生活自理和就业劳动能力，为残疾人及其家庭创造了一个逐步融入社会、重塑发展信心、重新规划人生和生活的新起点。

一、项目的设立

2019 年 8 月中旬，中国残联维权部时任副主任周建和北京新起点公益基金会负责人唐占鑫赴南皮调研，提出了南皮县农村贫困残疾人居家无障碍环境改造项目的设想。长江商学院 32 期 2 班同学捐资立项之后，中国残联维权部正式发函对项目实施提出要求。南皮县委书记赵亮、县长徐志连对落实工作均做出批示，项目负责部门和参与人员进行了认真研究。由于河北省财政政策规定政府部门不得接受捐赠资金，加上南皮县社会团体发展不充分，所以，确定由南皮县爱心协会负责承接项目具体工作。

图 4—17—1　中国残联维权部代表南皮接受长江商学院 32 期 2 班同学捐资。

在项目第一阶段执行过程中，中国残联维权部全程指导和监督，北京新起点公益基金会派出专家全程参与实施，南皮县委、县政府领导和相关部门及乡镇街道协力组织落实。应该说，项目第一阶段的顺利执行，是群策群力的结果。

二、项目第一阶段完成情况

项目第一阶段完成家庭无障碍改造的农村贫困残疾人户共 8 户，其具体情况如下。

第一户：崔长丽

基本情况：女，汉族，2001 年 8 月 29 日出生，二级肢体残疾，刘八里乡八里台村人。建档立卡贫困户。家庭人口 3 人，与其父崔树阁（1962 年 7 月 15 日出生）、其母周凤兰（1965 年 5 月 23 日出生，二级精神残疾）共同生活。居住房屋曾经过一次危房改造，后再次被鉴定为危房C级，2018年联系爱心企业捐款进行了危房改造。

改造项目：修建连体式卫生间两个，并对地面进行了清理、平整、混凝土硬化，卫生间全部配备相应的便池、便器及化粪池，两个卫生间分别安装有槛和无槛铝合金门；室内加装扶手，配备大型浴凳，移动式不锈钢低位灶台和相应的电磁炉具及蒸锅炒锅等；正房门口修建坡道，坡道连接新修甬路直接到卫生间，甬路长18米，宽2米，全部进行了混凝土硬化处理。

第二户：张迪

基本情况：男，汉族，1990年11月出生，潞灌乡东唐家务村人，家中4口人，贫困户，未脱贫。张迪带着儿子与父母共同居住，父亲张洪波偶尔打零工补贴家用，母亲在家中照顾张迪和孩子，家中共7亩地，主要经济来源为种地和张洪波打零工收入，目前张洪波一人享受低保待遇，张迪享受残疾人两项补贴，家庭生活较为困难。

改造项目：正门口坡道加长加宽至4米*2米并修整原有坡道，东门口修平台，连接正门处修坡道，正门口加装两个轮椅过门垫；正门坡道加装不锈钢高强度扶手3排，东门口加装护栏式扶手1排，正门口西侧加装配有侧支撑的高强度锻炼横杠；室内配大型浴凳、不锈钢移动式低位灶台以及相应的电磁炉具、蒸锅、炒锅等。

第三户：宋子华

基本情况：男，1962年出生，现年57岁，南皮镇康屯村人。宋子华为脱贫享受政策户，家中2口人，其妻门桂荣，1959年12月出生，二级肢体残疾，脑出血后遗症。宋子华享受残疾人补贴政策，每月护理补贴60元，县残联提供轮椅一辆；享受“先诊疗、后付费”、基本医疗保险、大病保险、医疗救助“一站式”即时结算以及商业保险等医疗救助政策。宋子华经过培训被驻村工作队介绍到本村“中航五金”打工，每天70元。2018年，政府安排为护林员，每年收入10000元左右。宋子华家庭达到了稳定脱贫。

改造项目：正房门口清除原坡道，修建2.2米*2米新坡道，清除原西房台阶部分，修1.4米*2.4米及1.4米*1.4米连接平台，门口安装轮椅过门垫；坡道全部安装不锈钢扶手共4排；卫生间加装尼龙包裹扶手，配大型浴凳。

第四户：王其增

基本情况：男，1979年6月出生，乌马营镇王庄村人，因患有脑栓塞后遗症失去劳动能力，常年在轮椅上生活，略能自理。母亲李淑华，1952年12月出生，患有脑梗多年，生活半自理，与王其增共同生活。两人均为脱贫享受政策户。其经济来源为种地、亲属接济和政府转移性收入。该村耕地较多，人均10亩耕地，残疾人补贴、国家扶贫政策应享尽享。但因二人身体常年有病，经济来源少，需要申请低保。

改造项目：新建2.7米*16米坡道，整修原坡道连接处；加装不锈钢扶手2排；室内配大型浴凳，不锈钢移动式低位灶台以及相应的电磁炉具、蒸锅、炒锅等。

第五户：张立成

基本情况：男，1968年出生，刘八里乡双庙村人。张立成本人三级残疾，曾在2002年“远南残疾人运动会”以215公斤的成绩获100公斤级举重冠军；其妻刘红菊，1983年出生，二级残疾。养育二子，分别就读小学和初中。张立成业余时间维修自行车挣钱。

改造项目：新建浴室一个，重新整修铺设上下水管道，地面瓷砖、墙面瓷砖、浴室内防水、吊顶、灯具等全部安装到位，并安装浴室门；清除原整体橱柜，新修橱柜3.6米*0.57米（共8门3屉）；安装里外门口不锈钢扶手2排；配大型浴凳。

第六户：张冬雪

基本情况：男，1995 年出生，刘八里乡刘显吾村人，肢体二级残疾。家中 4 口人，住房四间，9 亩耕地。父亲张厚勇为肢体四级残疾，张冬雪母亲偶尔打零工补贴家用，妹妹还在上学。张冬雪本人在一个手机店打工，维修手机，挣点零用钱，享受残疾人两项补贴。全家没有具备完全劳动能力的人，没有稳定的生活来源。

改造项目：修整门口排水沟渠；整修大门口原坡道，加长加宽至 3.6 米 *2.4 米；加装坡道不锈钢扶手 2 排、偏房台阶扶手 1 排、院内加长扶手 1（3.3 米）排；浴室、厕所、客厅加装高强度尼龙包裹扶手 7 根，配大型浴凳。

第七户：赵宝军

基本情况：男，1967 年 3 月出生，冯家口镇店北村人，家中 4 口人。赵宝军 2016 年 5 月在建筑工地干活时，从房顶摔下致一级伤残，丧失劳动能力；妻子孔维荣，1966 年 6 月出生，主要操持家务，伺候赵宝军，农忙时种植；女儿赵凤洋在廊坊读大学，享受“三免一补”政策；儿子赵铁博在本村读小学，享受“两免一补”政策；全家享受低保政策。家庭主要经济来源为种地和政府转移性收入，在享受现有低保、教育、医疗政策相对稳定的条件下，政府加大政策兜底力度，2019 年底脱贫。

改造项目：安装移动式强化铁坡道 1 个；加装不锈钢高强度扶手；配备大型浴凳。

第八户：王文起

基本情况：1948 年 5 月出生，党员，南皮镇北王庄村人，三级肢体残疾；家有 3 亩耕地，妻子张贵鹅平时务农；育有一子两女，两个女儿出嫁到外村，儿子儿媳在本村打工。王文起本人 1969 年 11 月应征入伍，1970 年 8 月入党，1975 年退伍，1971 年 11 月出国参加过老挝战争，在老挝期间受到不明物感染，1993 年出现症状，各医院查不出原因，2010 年截肢。

改造项目：修建卫生间一个，加装铝合金门；清理整修硬化院内路面；配备大型浴凳。

图 4—17—2　南皮县农村贫困残疾人家庭无障碍环境改造后实景。

三、关于项目的一些思考

从 2019 年 8 月 12 日开始，历经 2 个月完成项目第一阶段工作，8 户农村重度残疾人家庭得到无障碍改造。这对南皮县的方方面面都是一个全新课题。因为不同地区的发展水平、不同残疾人家庭的基础条件和生活需求等都存在着巨大差别，这就决定了改造工作必须坚持针对性、实用性、“一户一案”等原则，并兼顾残疾人未来生活和工作等融合发展的需要。改造内容一般包括地面平整及坡化、房门加宽改造、灶台降位改造、安装坐便椅及洗浴设施、加装活动扶手，如果是盲聋人家庭，还需要安装闪光门铃等，涉及因素众多，成功的改造必须建立在全面深入调研、细致耐心沟通、准确掌握需求、认真组织施工等踏踏实实的工作基础之上。

（一）项目执行的几个难题

项目执行是不断面对困难、解决问题的过程。困难主要有以下几个方面：

1. 选点。项目的目标应该是“改造一户，解放一家”。对广大重度残疾人家庭广泛进行无障碍改造，需要当地党委和政府承担起主体责任。而长江商学院捐助的对象，基本框定在持有残疾人证、重度一二级、16—60岁的农村贫困肢体残疾人。南皮县根据测算有2万5千余名残疾人，符合这个要求的农村成年重度肢体残疾人多以中风后遗症为主，所以选择范围非常有限。

南皮县委常委、副县长张宏坤逐一与各乡镇沟通，请各乡镇按照项目要求进行初步摸排，共提供30余户候选名单。张宏坤同志用两周的时间，逐户上门进行初筛，初步确定了10余户建议名单。之后基金会唐占鑫同志又带领同事用3天时间亲赴南皮逐户走访，最终确定11户建议改造名单。

2. 沟通。11户建议改造的农村贫困肢体残疾人家庭情况千差万别，需求错综复杂，诉求也在不断变化，难以很快确定最终对象。

其中，有两个典型情况。一是两户残疾人贫困户，本人虽然有改造意愿，但子女不同意，对改造地点和方案提出各种不同意见，难以推进；二是一户残疾人贫困户要求把190平方米的庭院地面全部硬化处理，虽然确实需要，但项目预算无力支撑，也有损公平性，只能阶段性放弃，待以后有条件再予解决。最终第一阶段落实的改造户被压缩到8户。考虑到后期使用风险，施工开始前与确定改造的每个家庭都签订了同意书，明确了改造方案，对后期使用风险进行了书面规定提示。

3. 设计。南皮县农村贫困残疾人家庭无障碍改造项目在方案设计上

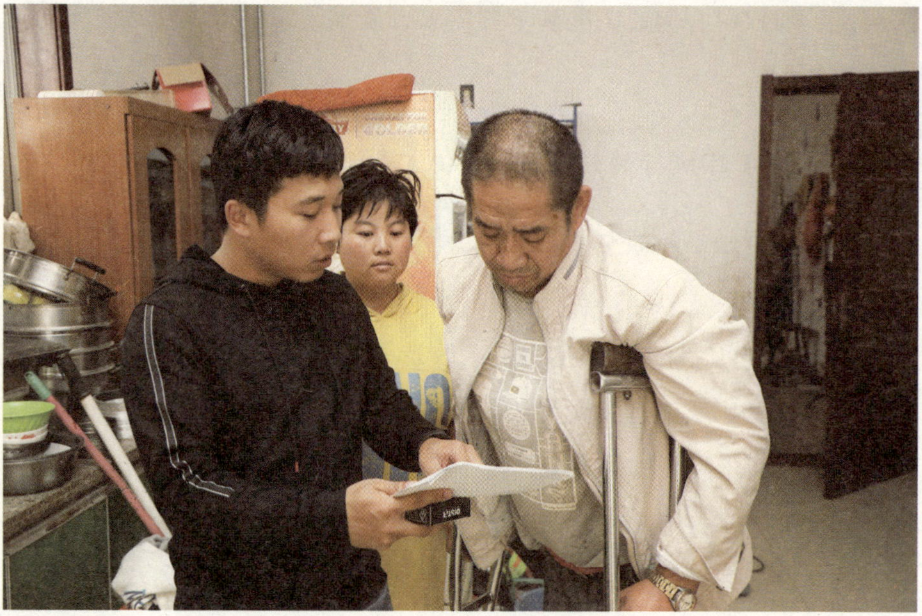

图 4—17—3　北京新起点公益基金会设计人员与改造户充分讨论改造方案。

存在三个方面的困难。

一是南皮县当地缺乏设计力量。方案设计由北京新起点公益基金会的两位专家负责，他们坐着轮椅走乡串户，勘察测量，反复沟通修改设计方案，既保证了项目的正常进展，又身体力行给当地残疾人树立了榜样、开阔了视野，帮助他们逐步树立生活的信心。二是南皮县整体基础设施水平与无障碍设计要求尚有一定差距，如多数村庄没有下水排水系统，上水也大都是间歇性供应，所以卫生间的无障碍改造就必须调整合适方案；再如农村整体道路基础设施较差，残疾人家居无障碍改造后与社会公共环境的衔接还需要一个长期的过程。最后是项目标准与改造户的需求之间存在差距，出现一些超出项目标准的诉求。如有一户要求改造一个冬季取暖的系统，就超出了项目标准，只能放在以后再予解决；有一户在改造低位灶台后，要求提供全新灶具，虽然属于超标诉求，但项目还是协调当地企业为其捐赠了电磁炉等配套灶具。

4. 施工。南皮县当地一般建筑企业此前很少承接过系统的家庭无障碍改造工程，缺乏改造工作经验。同时，家庭无障碍改造是“一户一案”，施工成本大幅增加，企业利润微乎其微，承接困难。通过党委政府协调，施工任务落实到南皮县成泰建筑劳务有限公司，要求公司作为政治任务和公益工作承担项目工程。

公司负责人闫树华从北京冬奥场馆工程抽身出来，将主要精力投入到改造项目上。施工过程中，残疾人家庭的要求不断变化，施工方案需随时调整。为保证工程质量，各工种人员必须重新现场测量。南皮农村大都不能持续供水，而施工时用水量很大，工人们要去很远的地方取水。不管是坡道还是卫生间，都涉及几道或十几道工序，有的工序之间必须有足够的时间间隔。比如刘八里乡双庙村的张立成家，因为工序问题，设计人员先后去了十多趟，工期持续半个多月。一个坡道，材料成本可能只有一两千元，但人力成本、交通成本等非常高昂，且无法分担，造成了整体造价水平升高。闫树华同志带领团队从方案设计开始就提前介入、提前参与，在北京专家和改造户之间充当沟通桥梁，从施工角度与北京新起点公益基金会的专家反复沟通，共同调整改造方案，精心组织施工。正是有了这样不计成本、不计回报的爱心企业，才确保了项目的顺利实施。

（二）项目成果的几点意义

参与项目第一阶段工作的同志切身感受到，贫困残疾人家庭无障碍环境改造是“十三五”脱贫攻坚的基础性重要举措，虽然非常艰难，但其作用和价值不可替代，必须下大力气做实做好。

1. 残疾人家庭得到了实惠

项目对残疾人家庭生活的改善作用是明显的。潞灌乡残疾人张迪，突然得病半身不遂，媳妇也离家出走。7 年来，张迪没出过家门，与自己的母亲、儿子也很少交流，一天也说不了几句话。项目改造后，张迪的心态变化非常明显。村里的人都说：“哎，张迪出来了！”张迪此前

图 4—17—4　张迪目睹了唐占鑫和她的两位小伙伴走村串户、制订改造方案、监督工程施工，开阔了视野，打开了心胸。无障碍让生活更方便，就业让张迪真正找回了生活的信心。

是个电焊工，当地党委政府协调一家企业送件上门，让他可以居家工作。张迪说："7 年了，我对不起母亲，对不起儿子。以前不和儿子说话，是真的看不到希望。现在我有工作了，能养活他了。"

刘八里乡的残疾人崔长丽，一家三口，母亲有精神障碍，只有父亲是健全人。刚与她接触时，她没有任何表情，大家一直以为她不会说话。项目改造后再接触时，才发现她会说话，而且说的是比较标准的普通话，地方口音很轻，这是因为她原本就没怎么出过家门，没怎么与村里人接触过，她的口音更多是看电视学来的。家居无障碍项目改造让她拥有了一个无障碍卫生间，不但自己能生活基本自理，还能照顾母亲了，感受到了自己的人生价值，获得了人生尊严。

每一户残疾人都有一个悲伤的故事，每一项无障碍改造都是一个新的希望。残疾人的笑容就是对项目最大的肯定，也是对改造工作最好的褒奖。

2. 帮助形成新的扶残助残模式

目前，发达地区已经形成政府购买服务、第三方机构承接政府委托或公益项目的扶残助残工作模式，这也是欠发达地区的努力方向。该项目的实施，生动“演示”了承接项目、执行项目的全过程，北京新起点公益基金会给当地社会组织树立了榜样，南皮县爱心协会得到了锻炼。项目对南皮县社会事业的发展也产生了深远的影响，成为当地社会公益组织参与社会事业的一个新起点，他们必将随着经济社会的发展发挥更大的作用。

3. 专业的施工队伍得以建立

通过实施农村贫困残疾人家庭无障碍环境改造项目，南皮县成泰建筑劳务有限公司施工团队对残疾人家庭无障碍改造从标准到方案、从设计到施工都有了直接的认知，他们在干中学、在学中干，成长为南皮县第一支能够独立完成家庭无障碍改造的专业队伍。这不仅是一个企业的进步，更是南皮县残疾人事业的一大收获。

图 4—17—5　南皮县项目负责人陪同项目捐资方长江商学院同学考察改造现场。

南皮县参与项目执行的同志深入了解残疾人家庭生活疾苦，目睹了唐占鑫主任和她的同事们自立自强、奉献社会的亲力亲为，每个人都得到了精神的净化、激励和升华，都为能够参与这样一个项目而感到欣慰和兴奋。

“改造一户，解放一家。”每一户农村贫困残疾人家庭，每一个贫困残疾人，在中华民族伟大复兴的浪潮中都不能被落下，都应该得到一个新起点、拥有一份新希望。该项目第一阶段工作仅是一个有益的尝试，不但有助于更深刻地认识残疾人家庭无障碍环境改造的意义和价值，也会给以后的残疾人家庭无障碍环境改造工作提供有益的借鉴。

（中国残联维权部供稿）

无障碍服务生态系统
促进残疾人融合发展

湖北省武汉市江汉区委区政府十分重视残疾人事业的发展，将残疾人事业当作建设“富裕、活力、美丽、幸福”新江汉的重要组成部分，明确要求各部门落实“平等、参与、共享、融合”的理念，保证残疾人享受政策不落空、获得福利不费劲、全面建设无障碍；要求区残工委各成员单位着重从残疾人参与社会、融合发展入手，发挥残联组织在协调和整合资源方面的独特优势，为残疾人谋福祉、圆梦想。

近年来，江汉区残联按照“保基本、广覆盖、多层次、可持续，普惠加特惠”的努力方向，积极推进全区残疾人社会保障措施的全面落地，把解决残疾人参与社会生活最关切、最急迫、最突出的问题，与建立服务网络、拓展服务渠道、完善服务措施、培育服务品牌结合起来，将残疾人公共服务体系建设作为持之以恒、常抓不懈的工作重点，打造了以构建无障碍服务生态系统为代表的有特色、有亮点、可复制的残疾人社会服务项目，增强了全区残疾人的获得感、幸福感和安全感，成为在引领中提升服务、在服务中彰显使命的典型案例。

一、无障碍生态理念：实现无障碍服务可持续性目标的核心

无障碍服务是广大残疾人平等参与社会生活最关切、最急迫、最突出的需求之一，是保障残疾人平等参与社会生活的必要条件，也是不断

满足人民美好生活需要的必然要求。无障碍给老弱病残孕等特定群体提供了无限可能性，代表了一个城市的精神文明程度。从全社会的理念上、从制度政策上、从无障碍建设的行动上构建一个无障碍生态系统，不是一朝一夕就能完成的，需要付出长期不断的努力，关键是建立无障碍生态理念。

为在全社会普及和推广无障碍意识，让无障碍生态理念深入人心，彻底破解无障碍服务的不可持续、难以持续的难题，使人们真正尊重残疾人及其他弱势群体，江汉区残联提出：要通过构建无障碍生态系统，将无障碍服务与政务评估机制的建立、执法体系的完善、公共服务产品的输出、社会环境的优化、社会组织的培育关联起来，形成一个相互影响、相互促进、相互提升、相互塑造的生态系统，让无障碍服务不再是公共服务产品的搭头，而是标准件、必备品，通过生态系统的构建，筑牢全社会的无障碍意识，保障无障碍服务的可持续性。无障碍服务越来越呈现全人口化的趋势，残疾人始终是无障碍服务需求最突出的群体，残联组织应该在无障碍服务生态系统构建中主动担当、主动谋划、主动作为。

二、无障碍服务系统：落实无障碍服务的关键环节

为了推进构建无障碍服务生态系统，江汉区残联从残疾人需求出发，与区政府残工委一起在研究制定无障碍服务的相关配套政策上做文章、下功夫，共同推动区政府出台了具有政策导引属性的《公共服务配套设施三年攻坚计划》，把无障碍服务作为一个重点列入，从政务评估环节上拿出了区级层面的配套政策，促进全区公共服务部门进入无障碍服务生态系统。江汉区残联提出，要按照全区域、全方位、全类别的标准，把残疾人生活应用场景与无障碍服务生态系统实现对接，实现对肢体、视力、听力等类别残疾人无障碍服务全覆盖。凡是可以帮助残疾人融入社会生活、消除参与障碍的服务，都要不遗余力地纳入无障碍生态系统中来考量、来推动。为此，区残联采取了一系列积极有效的措施。

首先，家庭是残疾人生活的主要场所。区残联积极落实无障碍家庭改造政策，争取国家资源，纳入区级政府实事项目，实现了政策升级。全区各街道残联以残疾人实际需求为导向，定制改造内容，精准调研、精心组织、精细实施无障碍改造项目。2018年，全区完成1251户，精准康复服务率达85%。

其次，残疾人出行是日常生活的一大难题。江汉区针对地铁等公共交通在本辖区无障碍服务存在的薄弱环节，实施补短板工程。同时，江汉区以2019年第七届世界军人运动会为契机，助力打造“无障碍之城”，向全世界展示“精致江汉”的风采。2019年，江汉区政府出台《关于促进老旧小区微改造三年行动计划的决定》，从基础类服务设施、提升类服务设施以及公共服务设施三个方面对老旧小区进行改造，为残疾人的无障碍出行提供保障。

第三，重视视障者的无障碍需求。2018年，江汉区实施为全区693名盲人免费配备读屏软件的政府实事工程，盲人朋友可以用微信与朋友、家人进行交流，足不出户就能在网上购物，网上就可缴纳水电煤气费等，极大地改善了生活质量。2019年9月3日，江汉区盲人智能手机读屏软件操作提高培训班开班，盲人朋友进入无障碍阅读的升级模式，参与社会生活的领域将进一步拓宽，率先跨入无障碍读屏时代。

第四，听障者之间的交流靠的是一套手语体系，但残健交流障碍依然存在。2019年，江汉区率先在全省引进“手之声”聋人视频翻译软件，通过远程视频手语翻译实现了聋人与健全人之间的顺畅交流，在区残疾人综合服务中心和中国建行湖北省分行营业部推出后，受到了广大聋人的欢迎。抗击新冠疫情期间，江汉区引进无障碍手语翻译系统，为广大聋人提供了快速准确的翻译服务和无障碍保障，及时开通“火神山”服务专线，通过收集、整理和制作各类手语视频，把最新、最权威的疫情信息和防控资讯传达给聋人朋友们，保证他们求助有人、求援有门。

图 4—18—1　江汉区同声手语翻译服务体验活动。

三、全人群的无障碍行动：扩展无障碍建设的服务范围

最初的无障碍服务是老幼病残孕等特殊需求群体，未来应拓展到全人群。只有让更多的群体享受无障碍便利，才能从根本上保障残疾人及其他弱势群体的权利，实现真正意义上的平等共享，也才会有更多的力量参与无障碍建设。所以，构建无障碍服务生态系统，既要注重基础工程，也要做好顶层设计。江汉区作为特大城市的中心城区，更要对标国家现代服务业示范区建设要求，打造无障碍服务生态系统样本，引领无障碍服务成为一个可持续发展的社会事业。

挖掘专门协会潜力，延伸无障碍服务线。江汉区残联组织专门协会有效联动，如肢协与盲协的无障碍阅读联动、盲协的交通无障碍体验活动、聋协的通用手语推广等，以及与第七届世界军人运动会场馆共同开展的无障碍设施督导体验活动，均取得了很好的成效。其中，无障碍阅读走进全省残疾人文化周，登上湖北省图书馆的讲堂。残疾人群体自助

式的无障碍服务已经成为江汉区无障碍服务生态系统的有机组成部分。

实施“红色引擎工程”，打造党员“连心桥”志愿助残服务队品牌。服务队为全区残疾人解难事、办好事、做实事。“红色头雁”发挥榜样作用，植根基层，影响身边人，服务残疾人，积极引导残疾人建立正确的人生观、价值观，涌现了张兆林、熊菲、殷红卫、吴建梁、朱筱萍等优秀残疾人共产党员。

有效整合社会资源，发挥无障碍服务生态系统的辐射效应。区残联与湖北广播电视台音乐广播事业部共建“小蜜蜂无障碍观影志愿服务队”，首创“无线发射技术＋无干扰画面解说”的方式，将无障碍观影引入公共放映场所，让盲人跟健全人一起同厅观影。六年来，提供无障碍观影服务近百场，被列为武汉市百佳志愿服务项目之一。区残联还与区内企业亚太监理、东方红食品厂，区内社会组织青年爱乐管乐团等单位建立无障碍服务联动机制，做到了“残疾人有呼，无障碍必应”，近

图 4—18—2　江汉区聋协举办聋人信息无障碍服务专项培训活动。

三年来，为全区残疾人提供无障碍服务3000余人次。

做好公共服务机构无障碍服务试点示范工作，建立无障碍服务生态系统的领航机制。按照实用性、示范性、可复制的原则，区残联选择公共设施集中、城市配套齐全的社区开展无障碍环境建设示范，形成经验，逐步推广。目前，汉兴街常二社区中心广场正在试点开展以公共区域和公共服务设施无障碍化为目标的建设，努力打造惠及全人群的无障碍环境。2019年，区残疾人综合服务中心和湖北省建行营业部等公共服务机构先后引进“手之声”APP，丰富和完善了无障碍服务内容。

图4—18—3 湖北广播电视台音乐广播部著名主持人马凌作为“小蜜蜂无障碍观影志愿服务队”的一名志愿者，为大家解说电影《老师好》。

深入开展无障碍理念的宣传宣导。提高全区加强和改进无障碍服务的意识，形成推广无障碍服务项目的奖罚激励机制。结合《无障碍管理条例》颁布纪念日等节点，采取办讲座、微讲堂、知识竞赛、现场体验、微信公众号等方式，向全社会大力宣传宣导无障碍理念和无障碍建设管理法规，呼吁全社会爱护无障碍设施、投身无障碍服务。连续三年在湖北广播电视台制作投放以构建无障碍服务生态系统为主题的公益广告，覆盖人群达2000万。微电影《你是我的无障碍》荣获海峡两岸微电影大赛飞燕奖和最佳导演提名奖；按照无障碍理念设计编印的《江汉区惠残服务读本》兼具可看、可触、可听等功能。

四、残疾人群众的感受：实施无障碍服务的落脚点

残疾人群众的感受是衡量无障碍服务是否成功、是否到位的落脚点。三年来，江汉区残联在无障碍服务方面累计投入400万元，更多的社会力量参与无障碍建设，在一定范围内实现了无障碍服务的可持续性。全区残疾人参与社会的积极性不断增强，每年参与各类社会活动达1万多人次。

整合无障碍服务社会资源，推动无障碍生活和公共服务场景的深度融合。2019年第29个全国助残日，江汉区残联举办了“与军运同行”无障碍生活与公共服务场景融合活动，湖北广播电视台音乐广播主持人“鱼哥”等，现场体验了视力、听力和肢体残疾人对无障碍场景的运用，以唤起人们的同理心和共情力，体验无障碍，体味“无障爱”。

江汉区残联充分发挥三名国家级无障碍环境建设督导员建言献策、调研和体验的作用，先后形成了《无障碍环境调研专题报告》《无障碍环境建设调研图册》《“你好，无障碍”知识手册》等调研成果。

江汉区将秉承残疾人事业的初心和使命，决心在构建无障碍服务生态系统上形成可复制、可操作、可推广的经验样本。

（武汉市残联供稿）

"阳光家园"服务矩阵：让阳光照进残疾人的心灵

2007 年，时任上海市委书记习近平同志高度关心残疾人工作，利用上海承办世界夏季特奥运动会的机会，在全市掀起了为智力障碍人士服务的"阳光之家"建设高潮。多年来，上海切实尊重和保障残疾人的权益，在"阳光之家"基础上先后推出了体育文化、日间照料、就业援助等残疾人群体最急、最忧、最盼的社区助残服务，打造"阳光"系列服务矩阵，努力构建更加贴近社区、贴近残疾人家庭、贴近残疾人的社区助残服务体系，让阳光照进残疾人心田。

一、"阳光家园"：让残疾人重建生活尊严

长期以来，智力、精神残疾人照护难问题一直困扰着残疾人家庭，常常为了"看住一个人"而"困住一家人"。为使智力、精神残疾人生活得更自尊自信、让残疾人家庭能够得到喘息，上海以筹备 2007 年世界特奥运动会为契机，以街道、乡镇为单位，依托社区资源建立"阳光之家"，促进智障人士社会融合，开启了上海"阳光"系列工程的序幕。其后，接续开展"阳光心园"建设，为病情稳定的 16 岁至 55 岁上海户籍精神残疾人提供日间照料服务。"阳光之家""阳光心园"共同铸造了心智障碍人士的"阳光家园"。目前上海各街镇已建起 222 家"阳光之家"和 214 家"阳光心园"，分别为约 5600 名智力障碍人士和约 4000 名精

神障碍人士提供日间照料服务。

学会生活自理。进入"阳光家园"的残疾人被称作学员。学员们首先要学习穿衣服、系鞋带、叠被子、烧饭菜等生活技能，通过日积月累的训练，摆脱"吃饭张口、穿衣伸手"的状态，增强生活自理自立能力，为家人减轻负担。

学会兴趣才艺。"阳光家园"的学员们还可根据兴趣爱好，学习种花种草、唱歌跳舞、朗读诗歌和绘画、珠心算等，挖掘，兴趣爱好，培养一技之长，让人生更有尊严。

学会融入社会。"阳光家园"注重创造学员之间及学员与老师、社区居民、爱心志愿者之间的交流机会。学员们学会使用"你好""再见""谢谢你"等日常礼貌用语后，得到了越来越多的理解，减少了歧视，增加了融入社会生活的自信。

二、"阳光基地"：为残疾人搭建庇护工场

"阳光基地"是残疾人庇护性就业机构，旨在组织就业困难残疾人相对集中地开展生产劳动、就业训练、职业辅导等，通过劳动获取一定报酬，以非全日制合同形式，解决各类中度残疾人的劳动就业和社会保障问题。2010 年，上海将"创建 100 个'阳光基地'，为就业困难残疾人提供就业援助"列入市政府实事项目予以推进，目前已设立 172 家残疾人阳光职业康复援助基地，为 4000 多名就业困难残疾人提供辅助性就业。

"阳光基地"是残疾人的生活"保护伞"。"阳光基地"为援助对象按月发放劳动补贴（按照同期城镇职工月最低工资标准的 50%），并缴纳城镇职工社会保险，保障基本生活。各家"阳光基地"还纷纷挖掘社会资源，开发不同的劳动产品，残疾人可通过简单劳动实现多劳多得。

“阳光基地”是残疾人的保障“安全网”。残疾人在就业市场岗位稳定性差，容易面临失业风险。“阳光基地”鼓励援助对象离开庇护工场实现社会就业。为消除残疾人的后顾之忧，一旦援助对象在社会上失业，可以立即回到“阳光基地”，保证基本生活收入和社会保险缴纳，做到全面托底保障。

“阳光基地”是残疾人的就业“加油站”。就业困难的残疾人普遍劳动技能有限、就业培训不足。“阳光基地”为每位援助对象按月匹配培训费，用于聘请专业技术人员，组织开展日常职业培训、职业辅导等，帮助残疾人提升劳动技能，增加就业竞争力。

三、“阳光院线”：为残疾人打开电影艺术的窗口

上海现有近10万视力残疾人，其中3万多名是重度视力残疾人。为了进一步丰富视力残疾人的精神文化生活，上海着力推动“阳光院线”工程，通过重新剪辑、增补大量配音解说的无障碍方式，让视力残疾人完整了解电影内容，享受电影艺术。350多名包括上海广播电视台播音员、主持人组成的无障碍电影志愿者解说团队、“光影之声”无障碍影视文化发展中心等一批社会力量，以及电影发行放映行业协会等专业社会组织，为“阳光院线”助力发声、保驾护航，保障了残疾人平等共享社会文化生活的权益。

上海“阳光院线”工程于2012年启动，各大商业影院设立无障碍电影放映专场，邀请视力残疾人走进影院，免费、无障碍地“观看”最新最热的影片，感受现场讲解服务，使观影成为视力残疾人的一种时尚文化活动。目前，上海各大商业影院年均放映无障碍电影200多场次，服务残疾人2万余人次。

截至“十三五”末，上海街镇无障碍电影放映点覆盖率达100%，

上海新华数字电影院线有限公司等机构定期为社区无障碍电影放映点传送最新正版无障碍影片，将“阳光院线”服务送至残疾人家门口。如《唐人街探案3》上映不久就出现在闵行区梅陇镇益梅小院无障碍电影放映点的片源列表上，同时在列的还有《送你一朵小红花》《我的姐姐》《武汉日夜》《1921》《中国医生》等。

2020年起，上海市残联、市电影发行放映行业协会联合推进“阳光至爱影院”无障碍电影融合观影项目，在影院建设配置无障碍观影设施的无障碍影厅，放映无障碍电影。视力残疾人戴上耳机，就能实现和健全人融合观影。2021年，又与东方广播中心、百视TV、百视通IPTV及OTT电视大屏新媒体平台合作，开启“阳光之声”无障碍电影线上院线，进一步拓宽无障碍电影线上渠道，从银幕走向大小屏幕，覆盖户外和客厅两大应用场景，跨越时间和距离，让无障碍电影从定点体验服务变成线上共享服务，为视听障碍人群提供更多元的观影体验。

四、“阳光健身”：为残疾人体育康复升级转型

2021年5月，建在徐汇区长桥街道的残疾人智慧阳光康健苑投入使用，为残疾人提供了就近升级版的“阳光健身”服务，这是上海首个体育康复数字化转型“智慧阳光康健苑”服务点，是上海“阳光”系列社区助残服务的一个缩影和最新尝试。智慧阳光康健苑作为“阳光健身”2.0版，通过大数据场景应用、数字化方案，实现了专业化和个性化运动康复训练服务。“一人一档”、运动状态全程监测指导、AI评估、居家在线指导、微信群实时交流等特色功能，不仅让残疾人在家门口享受到城市数字化转型的红利，改善身心健康，还具有促进残疾人走出家门、共享城市发展成果、感受城市温度的显著作用。在投入使用的4个月中，康健苑已为111名周边残疾人提供1008人次服务，其中，接受服务的主

要对象是肢体残疾人。

“阳光健身”有点。目前，上海各街镇已设立200多个残疾人自强健身点并统一标准配置，包括无障碍环境与设施、残疾人健身设备、专业健身指导员等，各点室内不少于50平方米（室内室外相结合的，室内不少于30平方米），每次开放不少于6小时，每周开放不少于3天，已成为上海的基本公共服务。

“阳光健身”有数。依托专业团队，对残疾人开展大数据体质监测，研究建立残疾人运动处方数据库，为残疾人制定个性化运动方案，提升全市残疾人体质，已成为“阳光健身”的重要组成部分，对加强残疾预防、推动残健融合都具有显著意义。

“阳光健身”有乐。残疾人参加体育康复不仅能够提高身体素质，也能够从中感受到快乐。2021年10月参加第十一届全国残疾人运动会的64名上海残疾人运动员就不乏从社区脱颖而出的体育健儿，盲人跳绳、轮椅舞蹈、旱地冰壶、飞镖……，在你争我夺之余体验到了满满的幸福感。得益于良好的残疾人体育基础，在2020东京残奥会上，上海有22名残疾人运动员入选中国体育代表团，获得9金3银4铜、破1项世界纪录；在全国第十一届残运会、第八届特奥会上，上海分别收获57金39银29铜、30金20银12铜的优异成绩。

五、“阳光悦读”：为残疾人打造精神家园

“阳光悦读”是上海市残疾人读书品牌活动，致力于丰富活跃广大残疾人精神文化生活，不断提升残疾人文化艺术素养。

丰富“悦读”内容。上海积极联络各方，除组织开展线下读书交流活动外，还为残疾人拓展线上阅读资源，依托上海图书馆活动平台开展的“阅21”（即上海图书馆“阅读21天”品牌项目）残疾人专场活动，

通过线上阅读、心得分享、阅读打卡、专家授课等方式，培养残疾人阅读习惯，形成良好学习氛围，得到残疾人阅读爱好者的广泛好评。仅2021年，参与“阳光悦读”线下活动的残疾人就达180人次，参与线上活动的残疾人超过1.5万人次。

创新“悦读”形式。以诵读训练营等新颖的形式，全年串起语言类节目征集、“七一”主题百人快闪航拍、市读书办人选选拔、闭幕式诵读节目等多个读书活动，残疾人读书爱好者通过诗歌朗诵、重温党员誓词、畅谈祝福等，表达了广大残疾人紧密团结在党的周围，感党恩、听党话、跟党走的真挚情感。

收获“悦读”硕果。“阳光悦读”上海市残疾人读书系列活动连续多年被评为上海市振兴中华读书指导委员会优秀示范项目。2021年，“阳光悦读”推荐人选取得上海市市民（职工）舞台式演讲大赛“八强”的好成绩。

六、“阳光云助残”：构建助残服务新生态

依托“一网通办”改革，上海着力打造面向未来的“阳光云助残”管理服务平台，通过统一登录入口和大数据归集，以需求为导向，支撑残联新业务应用快速上线，为残疾人提供更加便捷的服务。

志愿服务“云牵线”：近年，上海将志愿服务搬到“云”上，积极发挥信息化技术全域赋能作用，实现服务组织、志愿者与残疾人之间服务供需的在线对接，为残疾人、社会组织与管理者提供一个集需求发布、信息共享、服务对接、宣传展示、互动交流等功能于一体的信息服务平台。通过残疾人“订单”、志愿者“接单”的方式，为残疾人提供助盲出行、助聋翻译、法律咨询等“点对点”服务。目前，服务平台注册残疾人用户1061名，注册志愿者2180名，入驻志愿团体10个，77位残疾人朋

友发布434个需求单，55位志愿者认领258个需求单，服务总时长超过35730分钟。

辅助器具“云商城”：为方便残疾人了解辅助器具知识，按需、便捷、高效地申请辅助器具，打造“上海阳光辅具网”，设置辅具申请、辅具展示、辅具实用手册、辅具小知识等多个版块，使残疾人可以图文并茂地挑选心仪的辅助器具，网络购物般地在线申请、快递送货到家，极大地方便了残疾人的日常生活。

服务场景“云应用”：上海致力于助残服务场景的“云应用”，一方面将上海现有的“阳光宝宝卡”管理系统、阳光辅具网、志愿助残服务场景等融入“一网通办”统一平台；另一方面以残疾人为中心，着力构建更多的“云服务”“云应用”，让信息化更加便利残疾人的生活。

下一步，上海将深入践行“人民城市人民建，人民城市为人民”重要理念，继续用心倾力打造“阳光”系列服务矩阵，不断丰富服务内涵，形成更多社区助残服务品牌，使之成为城市精细治理、体现温度、充满活力的生动实践范本。

（上海市残联供稿）

“家园”系列：残疾人保障服务新载体

“十三五”期间，北海市多维度、多举措地完善残疾人社会保障体系和服务体系，打造涵盖残疾人康复、就业、托养照护等社会保障体系和服务体系的“四家园”、“一车间”残疾人服务的北海品牌，以品牌引领残疾人同奔小康幸福路。

一、开拓创新，建设残疾人集中托养的“幸福家园”

北海市残联积极借鉴重度残疾人集中托养经验，结合当地实际，先后在铁山港区、合浦县建成两个贫困重度残疾人集中托养扶贫示范基地，开展建档立卡贫困重度残疾人集中托养工作。为进一步拓宽残疾人托养渠道，提升全市残疾人集中托养服务水平，2018 年开始建设北海市残疾人托养服务中心，2020 年 8 月正式投入使用，托养服务工作采取向社会专业组织购买服务的方式，除了日常照料服务，还配备完善的康复训练、文体活动、辅助性就业等方面的设施设备。

张先生是合浦县曲樟乡人，先天脑瘫，从小父母离异，居家生活、出行都靠爬行，膝盖常被磨破流血，磨出了厚厚的老茧；一日三餐都需要有人照顾，洗脚、洗澡也离不了人。爸爸为了方便照料他，只能困在家乡做点零散工，生活十分拮据。

“爸爸照顾了我 19 年，年纪越来越大了，真对不住他呀！”张先生总说自己是累赘是负担，“我这样一个人，拴住了爸爸，打工出不去，

图 4—20—1　北海市残联委托第三方到北海市贫困重度残疾人集中托养扶贫示范基地开展精准康复支持性服务。

做买卖走不开，错过了多少机会！”

2021 年 8 月，在村干部的协助下，张先生入住了托养中心。不但生活上有了专业护理，也减轻了爸爸的担子：“现在爸爸对我的生活十分放心，能够常年去外地打工，贴补家用，紧日子一下子缓开了。你看，我戴的电话手表就是爸爸给我买的，想他时联系特方便。”张先生的喜悦发自心底。不到一年时间，张先生的精神面貌就发生了很大变化，性格开朗多了，天天跟着收音机学唱歌，身体也比刚进来时壮实了许多。

“兜底扶贫不是政策一‘兜’了之，要创新模式，实现‘托养一个人，解脱一群人，脱贫一家人’。”北海市残联理事长李东霞深有感触地说。市里精准摸底，针对分散供养特困户、重度残疾人等无产可扶、无业可就、无力脱贫的人员，探索集中托养、康复服务等新模式。整合资金，统筹特困供养金、低保金等政策性资金，为“托养一个人”注入源头活水。目前中心托养智力、肢体重度残疾人 24 人，还有 40 多名残疾人申请入托。

二、积极拓展，建设精神残疾人照护的“温馨家园”

精神残疾人的自身安全和对他人生活的影响让家属操碎了心。北海市残联以问题为导向，从2019年开始，依托北海冉升精神病医院，建立了北海市严重精神障碍患者康复服务基地，残联、医院（基地）、家庭联动起来，为首批75名重度精神残疾人提供了照护服务，成为服务精神残疾人的“温馨家园”。

重度精神残疾人潘女士的家属第一时间递交了托管申请。入住时虽然能完成进食、穿衣等技能动作，但容易出错，总体生活自理能力不高；社会适应方面，很少与人交流，对各种娱乐活动不感兴趣。在医生和护理人员的精心帮助下，她慢慢学会了手工制作、绘画、表演、电子琴、电脑操作等，生存技能、就业能力明显提高。潘女士的进步得到了冉升医院一致认可，医院为她安排了洗碗、清理卫生等有偿工作，工疗收入成为她进步的动力，也缓解了家庭的负担。

三、全域覆盖，建立残疾儿童康复的“希望家园”

残疾儿童能否得到及时的康复训练，关系到他们的人生命运，必须抓早抓好。北海市残联依托市残疾人康复培训中心，通过购买服务等合作形式，在全市9所医疗单位建立了以聋儿、孤独症及智障儿童等为主要对象的定点康复机构，形成了残疾儿童康复网络，定点康复机构成为残疾儿童康复的“希望家园”，同时解决了残疾儿童家庭负担过重的问题。

图 4—20—2　2019 年 4 月 25 日，北海市贫困重度精神残疾人康复托管服务基地揭牌成立。

脑瘫儿童小玲，2016 年 10 月开始到市残疾人康复培训中心进行康复治疗，老师们为她量身定制了具体的康复训练计划。经过两年多的康复训练，其蹲起、站立、平衡能力有所提高，康复效果明显。在老师们的辛勤努力下，小玲迎来了新生，如今已经可以到普通幼儿园正常上学，通过持续的医教结合康复训练，即将进入普通小学就读一年级。小玲的妈妈无比激动地为康复中心老师送上了锦旗，她感慨地说："我的孩子来的时候站都站不好，不会走，不会说话，傻乎乎的。经过三年多的康复，现在能跑能跳，会唱歌，活泼开朗，是北海市残疾人康复培训中心的教师给了孩子第二次生命。在中心这些年，孩子不仅得到了免费康复，还有免费的早餐和午餐，大大减轻了我们家的经济负担。我真的感觉自己太幸运了，感谢党和政府的好政策！"

四、全面推进，
建立成年残疾人康复服务的“梦想家园”

如何使成年残疾人得到专业、有效的康复服务是一大难点。北海市残联依托北海北医康复医院建设成年残疾人康复服务项目“梦想家园”，努力解决贫困残疾人因经济困难放弃康复治疗的问题。2020 年开始试点实施，通过政府购买服务的方式，委托中标康复机构对 18 周岁以上困难成年肢体残疾人和多重残疾人（含肢体）提供康复服务。该项目实施一年来，第三方机构对项目做出了肯定性评价：救助对象康复效果较前改善，家属反映康复人员生活自理能力较前提高，一定程度减轻了残疾人家庭负担，救助对象或其家属对康复服务满意度达到 90%。

残疾人蓝先生，驼背 90 度，无法直立行走，时间迁延十年之久。2020 年 11 月，安排到北海北医进行康复治疗，经过小针刀微创治疗、手指点穴、理疗等康复治疗，他第一次能够直立行走，回归家庭后，日常生活基本能够自理，不再需要家人全天专门照顾。

五、有机整合，
建设残疾人辅助性就业的社区“爱心车间”

北海市残联积极探索和创新残疾人就业模式，创建了以社区为依托、以企业为载体、以托养为手段的残疾人辅助性就业“爱心车间”模式，有机整合“残疾人辅助性就业 + 分散按比例就业 + 日间照料 + 康复”等服务项目。“十三五”期间，北海市建立社区残疾人日间照料站和“爱心车间”共 19 个，安置智力、精神和重度肢体残疾人 147 人，其中已有 94 名残疾人与企业等单位签订劳动合同，有效地帮助了残疾人家庭解决了日间照料、就业、康复等困难，解放了残疾人家庭劳动力。

北海市海城区的潘女士，女儿患有智力和言语等多重残疾。在潘女士的精心照料下，女儿病情稳定，一家人过得平平安安。但随着年龄逐渐增大，潘女士感到自己照顾女儿越来越力不从心，不免担心自己老了以后女儿的照料问题。她了解到北海市残联在各社区内设立残疾人“爱心车间”和日间照料站之后，就毫不犹豫地申请让女儿进入海城区湖海路社区日间照料站。社区照料站不仅离家近，而且定期开设声乐、绘画和舞蹈等课程，潘女士的女儿有了自己的社交圈。以前女儿不爱说话，比较内向，现在逐渐开朗起来，脸上的笑容也多了起来。2020 年 12 月，她还进入湖海路社区“爱心车间”工作。潘女士不仅解决了女儿的照料、就业、生活困难，自己也从家务中解放出来，安心地重新外出工作了。

（北海市残联供稿）

信息化助力残疾人辅具服务

残疾人辅助器具（简称“辅具”）是用于代偿、预防、监测、缓解或抵消损伤、活动受限和参与限制的产品，包括器具、设备、仪器、技术和软件等。如肢体残疾人出行使用的轮椅、拐杖，听力残疾人重建或补偿听力使用的人工耳蜗、助听器，视力残疾人上网用的读屏软件、助视器等。配戴使用辅具是残疾人最迫切的需求之一，辅具能否及时发放，能否很好地满足残疾人的个性化需求，直接影响着残疾人的使用体验和生活质量。为更好地满足残疾人的辅具需求，北京市出台了《残疾人辅具服务管理办法》，建设了残疾人服务管理平台（www.bdpf.org.cn，简称“服务平台”），以“互联网 +”辅具服务的模式来保证广大残疾人得到便捷精准的辅具服务。

过去，辅具服务只补贴给 0—6 岁儿童、贫困残疾人和劳动年龄段等几类残疾人，辅具产品由残联组织调查需求后统一采购，残疾人获得辅具服务前需要提交书面申请，经社区（村）、街道（乡镇）、区、市层层审批，人工验证核实，提供身份证、户口本、在校证明、低保证明、低收入证明、失业且无稳定收入证明等各类材料，从申请到辅具配发到位，平均周期 1 个月，且残疾人对辅具产品选择的自主性不强，个性化适配程度不高。

现在，辅具服务覆盖所有北京户籍的持证残疾人，他们购买服务平台上的辅具，至少可以得到所购买辅具对应补贴标准 50% 的补贴，低保、低收入、劳动年龄段内失业且无稳定收入、不满 16 岁、年满 16 岁在校生等群体，还可以享受到 100% 补贴，辅具服务实现全员保障。残疾人申请辅具服务，只需在家登录北京市残疾人网上服务平台，提交线上申请。平台通过数据共享自动确定人员身份和相应的补贴标准后，区、街（镇）管理部门在线实施“不见面审核”。审核通过后，残疾人即可根据自身实际需求，在网上自主选购辅具产品，1 周左右即可由生产厂家直接供货到家，免去了各种证明材料和中间环节，实现了足不出户即可享受“网购”式服务，网上用户满意度接近 100%。

一、主要做法

北京市残疾人辅助器具服务中，从政策制定开始就充分引入了信息化思维，通过“互联网 +”模式来推进服务流程的优化，减少办事环节，提高服务效率，提升残疾人服务体验；通过政务信息系统整合共享工作来推动各类残疾人相关数据的汇聚共享，让“数据跑路”代替“残疾人跑腿”，让“部门协同办”代替“群众来回跑”；通过按需调整的长效机制实现辅具服务的不断提升。

1. **以“互联网 +”思维优化服务模式。**引入“互联网 +”服务模式，所有服务目录在线展示，残疾人足不出户即可提出辅具购买补贴申请、系统自动核验补贴标准、残疾人按照补贴标准在网上辅具商城选购心仪的辅具产品、平台自动计算残疾人自付资金额度和补贴额度、残疾人按自付资金即时与商家结算、等待商家发货、收货后可以在线提交对商品和服务的评价，实现了辅具服务直接认证、直接补贴、直接购买，全过程“一站式”在线服务，取消了中间层层审批的环节，免去了逐级下发的流程，让供需对接更加紧密，让残疾人享受服务像“网购”一样方便。

2. **以政务信息共享简化服务流程。**依托国家和北京市共享交换平台开展跨地区、跨部门、跨层级数据共享。打通公安部、教育部等部门和北京市教委、市民政局等市级部门数据，让数据多跑路，让残疾人少跑腿。（1）共享中国残联、公安部、市公安局的残疾人证信息、人口基本信息等数据，结合医疗评估，确定残疾人身份；（2）共享教育部高校学生学籍数据，市教委中职学生、中小学生学籍数据，确定残疾人在校情况；（3）共享市民政局低保、低收入数据，确定残疾人低保、低收入情况；（4）共享区级政府的劳动年龄内失业且无稳定收入的残疾人数据，确定其失业和收入情况；（5）比对公安部、市民政局等死亡数据，确定其生存状态；（6）使用市残联其他基础数据、历史服务数据，实现申请资料免填、业务流程简化，推动横向和纵向的业务协同，提升服务效率，规范资金使用，实现精准服务和精细管理。

3. 以专业评估和网购模式提高残疾人申请辅具的适配度。评估是残疾人有针对性接受康复服务的基础，也是残疾人按个性化需求申请辅具的必要环节。《北京市残疾人辅具评估办法》规范了评估内容和技术标准，建立了一支300多人的辅具评估专业队伍，编印了专门的培训教材，采用机构评估和入户评估两种方式进行。辅具评估工作的规范开展，对残疾人功能状况提供了全面评价，对残疾人所需辅具提供了精准的专业建议，为残联组织提供了审批依据，为财政资金的有效使用提供了技术保障。参照网上购物模式，让辅具生产厂家和残疾人直接在网上“面对面”互动，残疾人网上选购最符合自身要求的辅具产品，极大提高了辅具的适配度。

4. 建立动态调整的科学闭环。根据残疾人对产品的需求和评价，周期性动态调整商城中辅具产品，不断丰富和完善服务目录，形成需求端与供给端的科学闭环；加强服务过程与效果的监督考核，建立从残疾人需求提出、服务响应到过程跟踪、及时反馈的闭环管理流程，有效提高服务匹配度与服务质量。

二、应用成效

截至2020年12月，北京市残疾人辅助器具综合服务平台已提供成人74类、儿童80类共一千余种辅具产品。厂家多、品牌多、品种多、规格多，残疾人选择方便。辅具成功申请总人数达37.7万人，成功申请总件数达66.5万件，补贴金额达3.02亿元。主要应用成效体现在以下四方面：

1. **实现了精准化、个性化的智能服务**。残疾人网上申请辅具后，系统通过基础库数据比对，会为残疾人推送符合其残疾类别的个性化辅具产品，精准提示符合其经济状况的补贴额度供其选择。让辅具服务看得到、办得了、买得好、可跟踪、可反馈评价。

2. **实现了减环节、减材料的流程优化**。通过数据共享，残疾人不再提交户籍证明、残疾人身份证明、低保家庭证明、低收入证、在校学生在读证明、失业且无稳定收入重度残疾证明等6份证明材料，节省了开具证明材料和往返于街道乡镇、区级甚至是市级多个部门间审批的一个月左右时间，使残疾人更便捷地享受服务。同时，对残联工作人员来说，也减少了审核材料、核验身份等工作，工作效率大大提升。

3. **采用开放式管理，抓住撬动点激发市场活力**。按照简政放权、放管结合、优化服务的改革要求，建立起公益性与市场化相结合的社会化工作体系。全面推行市场化供应服务模式，扩大供应服务面，满足残疾人对辅具供应服务的多样性选择。组织国内产品生产商、国外产品一级经销商，以最高级别代理价参与辅具销售服务。

4. **工作管理更科学，资金使用更透明**。利用跨部门、跨层级的数据共享，节省审批环节，提高审批的准确性和客观性。辅具的申请和审批都在线上进行，残疾人、工作人员和辅具服务厂商的操作内容和时间全程留痕，可追踪、可查询。辅具补贴的计算全部根据共享数据和政策规则由系统自动计算得出，资金使用透明阳光。

北京市残疾人辅具服务打通了“放管服”改革的经脉，在“网络通”的基础上通过“数据通”实现了“业务通”，即做好网络的基础工作，将各个部门的数据连接起来，最终在业务层面实现“业务通”，打造政务服务“一网通办”、“只进一扇门”、“最多跑一次”。除辅具服务以外，北京市还在残疾人证办理、家庭无障碍改造、康复服务、残疾人社会保险补贴等 30 余项服务中按照辅具模式实施“互联网 +”服务，让残疾人群体最先享受社会发展成果，促进残疾人融入社会，提升获得感。

（北京市残联供稿）